PILARES DE UM MUNDO MELHOR –
JUSTO, IGUALITÁRIO, INCLUSIVO E SUSTENTÁVEL

Dados Internacionais de Catalogação na Publicação (CIP) de acordo com ISBD

N972c   Nunes, Cesar.
      Cartografia Pedagógica - Os 17 ODS - Pilares de um mundo melhor: Justo, igualitário, inclusivo e sustentável / Cesar Nunes ; Maria Lúcia Nunes Serrano ; ilustrado por Simone Ziasch. - Jandira, SP : Ciranda Cultural, 2024.
      128 p. : il.; 20,10cm x 26,08cm.

      ISBN: 978-65-261-1190-1

      1. Educação fundamental. 2. ODS 1 - Erradicação da pobreza. 3. ODS 10 - Redução das desigualdades. 4. ODS 11 - Cidades e comunidades sustentáveis. 5. ODS 13 - Ação contra a mudança global do clima. I. Serrano, Maria Lúcia Nunes. II. Simone Ziasch. III. Título.

      CDD 372.111
2024-1992   CDU 373.3

Elaborada por Lucio Feitosa - CRB-8/8803
Índice para catálogo sistemático:
1. Educação 372.1
2. Educação 373.3

© 2024 Ciranda Cultural Editora e Distribuidora Ltda.
Texto © Cesar Nunes e Lúcia Serrano
Ilustrações: Simone Ziasch e Shutterstock
Imagem de capa: Shutterstock/Maria_Domnikova
Editora: Elisângela da Silva
Editora-assistente: Daniela Mendes
Revisão: Fernanda R. Braga Simon, Maitê Ribeiro e Thiago Fraga
Diagramação: Ana Dobón
Produção: Ciranda Cultural

1ª Edição em agosto de 2024
www.cirandacultural.com.br
Todos os direitos reservados. Nenhuma parte desta publicação pode ser reproduzida, arquivada em sistema de busca ou transmitida por qualquer meio, seja ele eletrônico, fotocópia, gravação ou outros, sem prévia autorização do detentor dos direitos, e não pode circular encadernada ou encapada de maneira distinta daquela em que foi publicada, ou sem que as mesmas condições sejam impostas aos compradores subsequentes.

CARTOGRAFIA PEDAGÓGICA

Cesar Nunes e Lúcia Serrano

OS 17 ODS

PILARES DE UM MUNDO MELHOR –
JUSTO, IGUALITÁRIO, INCLUSIVO E SUSTENTÁVEL

Ciranda Cultural

SUMÁRIO

APRESENTAÇÃO 7

POR QUE CARTOGRAFIA PEDAGÓGICA? 9

PARA COMEÇAR, A HISTÓRIA ... .11

O QUE É A AGENDA 2030? 17

O QUE SÃO OS OBJETIVOS DE DESENVOLVIMENTO
SUSTENTÁVEL? 20

CONHECENDO MAIS OS 17 ODS 24

DUDH E ODS: QUAL A RELAÇÃO ENTRE A DECLARAÇÃO
UNIVERSAL DOS DIREITOS HUMANOS E OS OBJETIVOS DE
DESENVOLVIMENTO SUSTENTÁVEL? 67

METAS SAUDÁVEIS: VIDA MAIS SAUDÁVEL 73

A CONTRIBUIÇÃO DA EDUCAÇÃO PARA A CONSTRUÇÃO DE
UM MUNDO MELHOR 75

REFERÊNCIAS 79

APRESENTAÇÃO

Temos a honra de apresentar ao grande público o oportuno livro que leva o nome de **Cartografia Pedagógica**, publicado pela Editora Ciranda Cultural, sobre os preciosos 17 Objetivos de Desenvolvimento Sustentável, já consolidados pela sigla ODS, propostos pela ONU para nosso tempo e sociedade. Trata-se de uma obra que chega em excelente momento, pois será um valioso instrumento de conscientização e de formação continuada de professores, de educadores, de gestores e de agentes sociais ligados ao campo da educação e de todas as demais esferas, campos e práticas sociais, sobre a Agenda 2030 da ONU e sobre seus destacados e promissores 17 ODS.

O mundo tem tomado consciência, muitas vezes tragicamente, dos desarranjos climáticos, resultantes de um modelo de desenvolvimento econômico que não priorizou a preservação ou a conservação da natureza, a sustentabilidade, a centralidade da biodiversidade e suas responsabilidades. Do mesmo modo, no campo socioeconômico, as desigualdades estruturais no acesso aos recursos naturais, aos direitos sociais e econômicos, aos direitos humanos e à dignidade humana em todas as suas dimensões, à liberdade cultural e religiosa, à igualdade de gênero e a todas as demais disposições de valores, à saúde e aos recursos médicos, às conquistas tecnológicas e materiais, têm sido patentes e têm produzido contrastes aéticos e imorais em nossa realidade.

Temos lutado para divulgar, conscientizar e difundir uma ampla pauta de defesa e promoção dos direitos humanos como uma ética universal, como um conjunto de reconhecimentos jurídicos e legais já efetivados na defesa da plenitude das necessidades humanas, mas temos igualmente observado as amplas dificuldades, estruturais e conjunturais, de tornar efetivos esses direitos e essas conquistas jurídicas. Trata-se de implementar e de tornar efetivos os direitos humanos, reconhecidos e proclamados, desde 1948, pela própria ONU e por seus signatários.

Desse modo, ao contemplar esse importante impulso que o livro **Cartografia Pedagógica** direciona à divulgação e à formação de agentes educacionais sobre os 17 ODS, somos tomados de singular alegria e de uma promissora esperança. Quando a escola assume uma causa, a sociedade inteira ganha, pois a educação e a escola são, juntas, o coração da cidade, o núcleo da ética e o fundamento da democracia. Nesse sentido, a prática educacional é a mais esperançosa e promissora dinâmica educacional transformadora; quando os educadores, os professores e as professoras assumem determinada causa, adiante se veem as transformações, as mudanças, as amplas modificações culturais e sociais.

Recomendamos a todos os agentes educacionais, aos professores e gestores, aos demais sujeitos e aos diferentes profissionais que atuam na esfera pública da formação escolar e na prática do desenvolvimento social, que leiam e que divulguem este precioso livro. Cada geração precisa receber da geração que a precede um caminho de esperanças e de reais práticas de humanização. Esse é um excelente caminho, inserir todas as pessoas na busca de um mundo melhor, justo e sustentável. Este livro tem essa promissora potencialidade humanizadora.

Doutor **Cesar Augusto R. Nunes**

Presidente do Instituto Nacional de Pesquisa
e Promoção de Direitos Humanos (INPPDH)

Campinas – SP

POR QUE CARTOGRAFIA PEDAGÓGICA?

A palavra "cartografia" sempre nos leva a pensar em mapas, em roteiros, em cartas de planejamento ou em representações geométricas da Terra, da superfície espacial ou de territórios, locais e universais. A cartografia constitui uma efetiva ciência, que reúne um conjunto de saberes e de conceitos e condensa uma prática social dedicada ao estudo, à representação geográfica da realidade material terrestre, gerando mapas, documentos, registros, estudos e planejamentos gráficos, teóricos e práticos. Podemos encontrar uma rica significação na conceituação histórica e social de "cartografia" reunindo um amplo conjunto de criações científicas, artísticas, técnicas e iconográficas, dando conta da diversidade da realidade da natureza e de sua esplêndida dimensionalidade.

A cartografia tem origem no mundo antigo, com os gregos. É possível reconhecer a presença de indicações cartográficas em documentos dessa época e mesmo nos textos de Homero – a *Ilíada* e a *Odisseia*: quando tratam de roteiros, descrevem lugares e espaços, relatam itinerários de viagens e definem pontos de partida e de chegada. Há muitas e destacadas cartografias dos mares e dos oceanos, representando o reconhecimento e a constante exploração dos navegadores desde a Antiguidade, igualmente apropriando-se da grandeza de nosso planeta e de suas abundantes e diversas águas, nem sempre com as melhores formas consequenciais.

Há também o conceito de cartografia das estrelas, uma espécie de mapeamento das constelações e de suas composições estelares. As representações estelares revelaram dimensões culturais e sociais projetadas na contemplação dessa gigantesca e deslumbrante abóboda desde a mais remota experiência humana. Demos nomes de animais, de criações religiosas e míticas para as estrelas e suas articulações, projeções de realidades e de entes de nossa vivência para as constelações, como Ursa Maior, Escorpião, Peixes, Aquário, Três Marias, Cruzeiro do Sul, Sagitário, Capricórnio, Áries, para ficar em alguns, numa projeção e aproximação bem simples de nossa vida cotidiana. Muitos desses esforços históricos, através do tempo, reuniram elementos cartográficos terrestres, estelares e marítimos para encontrar roteiros seguros, espaços racionalmente identificados, para as ações e os deslocamentos dos grupos humanos. O fato é que o conceito de cartografia nos remete a um caminho, a um mapeamento, a um itinerário ou a um percurso, físico ou ideal. Usamos a conceituação de cartografia para representar uma trajetória, para definir um roteiro e para reconhecer racionalmente determinada área ou fenômeno da realidade.

A filosofia contemporânea emprestou um novo sentido à conceituação de cartografia, ampliando a significação original, própria das ciências geográficas, dando-lhe um sentido intencional, enriquecendo com a experiência humana, subjetiva e coletiva, sua amplitude e potencialidade. De uma prática topográfica ou temática a conceituação de cartografia passou a ser de uma representação metafórica da realidade humana, das necessidades e dos desejos humanos, agora assumidos numa reapropriação das conceituações de "economia dos desejos no campo social", de "ecologia de saberes", de "territórios de vivências", expressões cada vez mais presentes nos ensaios filosóficos das últimas décadas do milênio passado. A matricial concepção de "viagem", consagrada na filosofia, ressignificaria a cartografia como uma espécie de mapa de nossas intencionalidades, de nossas buscas, de nossas aspirações.

No nosso presente projeto, tomamos a palavra "cartografia" como um roteiro, um caminho, um itinerário, justamente nesse sentido amplo, derivado da geografia e substancialmente ampliado pela filosofia. E, mais que isso, daremos a esse conceito uma predicação ainda mais exigente, pois trata-se da proposição de uma "Cartografia Pedagógica". O conceito de "pedagógico", no caso, refere-se à educação, às práticas educacionais de natureza escolar e curricular. A **Cartografia Pedagógica** que apresentamos visa ser um propositivo roteiro de como empreender uma trilha, um percurso na apropriação e na efetivação de tornar reais e práticas as estratégias, os objetivos e as finalidades dos 17 ODS, Objetivos de Desenvolvimento Sustentável, propostos pela agenda da Unesco em 2015 como pontos fundamentais de caminhada para a nossa era e para nossas sociedades. Nossa **Cartografia Pedagógica** tem a intenção de tornar-se um valioso mapeamento, um roteiro seguro, um percurso sensível, propositivo e esclarecido de como empreender essa viagem, na esfera da educação e da escola, para implementar e para tornar realidade os objetivos traçados pelo nosso tempo para alcançarmos, juntos, uma humanizada qualidade de vida e promovermos, igualmente juntos, a dignidade inalienável de todo ser humano, em nosso tempo e realidade.

PARA COMEÇAR, A HISTÓRIA...

OS 17 OBJETIVOS DE DESENVOLVIMENTO SUSTENTÁVEL PROPOSTOS PELA ONU

Os 17 ODS, sigla que significa "Objetivos de Desenvolvimento Sustentável", foram propostos pela Organização das Nações Unidas, órgão internacional formado por 193 países, conhecido pela sigla ONU, no ano de 2015, e esses objetivos têm a finalidade de promover todas as ações possíveis para gerar um novo padrão de desenvolvimento humano, para todas as pessoas do mundo, de forma a conscientizar todos os grupos e sujeitos humanos da necessidade da luta para acabar com todo tipo de desigualdade, da tarefa de gerar meios de proteger cuidadosamente o meio ambiente e de garantir que todas as pessoas, ao redor do mundo, possam viver em paz e que possam construir juntas, como sujeitos, sua vida digna e sua própria prosperidade.

Os Objetivos de Desenvolvimento Sustentável, que passaremos a usar somente na forma da sigla ODS, no transcorrer deste livro, são uma parte importante de um plano bem mais amplo que a ONU chamou de Agenda 2030, isto é, um conjunto de ações e de projetos que deveriam estar em desenvolvimento pleno até o ano de 2030; e os países que aderissem a esse compromisso comum e o assinassem teriam de se comprometer em implementar e transformar em práticas sociais esses objetivos até o referido ano, para desenvolver essas metas com base em políticas públicas, de parcerias público-privadas, de investimentos públicos e de recursos privados, tanto em projetos e em ações já existentes, de ordem estatal ou civil, quanto pela criação de novas instituições, das já conhecidas organizações não governamentais, identificadas pela sigla ONG, bem como pela ampla diversidade de movimentos sociais que promovam ações e desenvolvam práticas sociais na direção de cumprir essa promissora Agenda.

Podemos afirmar que há hoje, no mundo, amplo reconhecimento da urgência dessas metas e dessas ações para produzir uma nova cultura planetária, pautada na dignidade humana, no bem-estar para todos, no reconhecimento da liberdade, da diversidade e da sustentabilidade como fundamentos de um mundo melhor e mais justo. A difusão dessa Agenda 2030 e a urgência dessas medidas são hoje um apelo ético e um chamamento político para a colaboração internacional entre os países signatários, com especial atenção aos países menos desenvolvidos, aos pequenos Estados insulares em desenvolvimento, aos países africanos e aos países em desenvolvimento sem litoral. Esses ODS concentram as esperanças de fazer uma intervenção humanizadora e justa no meio ambiente, nas sociedades e nas culturas atuais.

Um tempo histórico é um conjunto rico e complexo, de acontecimentos e de realizações, tanto positivas quanto negativas. Não é possível definir um período da história somente com um adjetivo, a realidade é sempre plurívoca, polifônica e diversa. Mas algumas coisas ficam muito marcantes, autorizando-nos a buscar a interpretação dos períodos de nossa história.

O século XX foi denominado pelo historiador Eric Hobsbawm como "a era dos extremos, o breve século XX"[1]. Esse brilhante intérprete de nosso tempo definiu que o século XX ficou tristemente marcado pela contraditória realidade de duas grandes e trágicas guerras, a Primeira Guerra Mundial, de 1914 a 1918, e a Segunda Guerra Mundial, de 1939 a 1945. Certamente, o século XX tem muitas outras e ricas dimensões de descobertas e invenções, de acontecimentos e de realizações, sempre marcadas pela contradição. O fato é que a Segunda Guerra Mundial, resultante do enfrentamento que o mundo livre fizera para conter o nazifascismo, na Europa e em outros lugares de nosso planeta, acabou revelando um lado sombrio de nossa civilização. O crescimento dos estados nazifascistas, calcado na ideologia do racismo, do preconceito, da suposta superioridade racial, do poder absolutizado do Estado, da negação da democracia e da diversidade cultural, produziu os ignominiosos *campos de concentração* e promoveu o extermínio de milhões de pessoas de origem judaica, numa página trágica que ficou conhecida na história como "Holocausto".

Diante dessa realidade política, de suas causalidades e de suas consequências, os países que tinham integrado uma ampla coalização de forças para vencer o nazifascismo decidiram criar um órgão internacional de gestão dos conflitos entre os Estados e as sociedades, de modo que esse **órgão internacional pudesse ser o agente de mediação** para evitar o catastrófico cenário da guerra, duas vezes ocorrido no breve século XX, com tantas tragédias. Esse é o contexto da criação da **Organização das Nações Unidas (ONU)**, no ano de 1948. O documento mais contundente do século XX foi promulgado pela Assembleia Geral das Nações Unidas, em 1948, e ficou conhecido como **Declaração Universal dos Direitos Humanos**. Trata-se da mais importante manifestação de reconhecimento da dignidade de toda pessoa humana e do repúdio a toda forma de violência e de aviltamento da dignidade da pessoa humana, em todas as sociedades e culturas. Esse documento expressa, cumulativamente, a experiência social e histórica, desde a Antiguidade até os nossos dias, de projetar valores que pautem e preservem a dignidade da pessoa humana e promovam a igualdade de todas as culturas e identidades.

O tempo do pós-guerra não foi calmo. Os enfrentamentos ideológicos de dois blocos de poder, o mundo capitalista-liberal e o mundo socialista-estatal, cada um a seu modo, marcaram a conjuntura que ficou conhecida como Guerra Fria. Essa conceituação de supostos dois mundos, ideologicamente contrapostos, deu origem a outra

---

1. HOBSBAWM, Eric. *A era dos extremos:* O breve século XX (1914-1991). São Paulo: Companhia das Letras, 1998.

expressão, sociológica, geográfica e politicamente diversa: o reconhecimento de um *Terceiro Mundo*. O conceito de Terceiro Mundo passaria a representar os Estados, as culturas e as sociedades empobrecidas que não se alinhavam, estritamente, aos dois blocos ideológicos dominantes. A desigualdade econômica, a miséria e a pobreza, a ausência de medidas de proteção e de preservação da qualidade de vida, a falta de habitação digna, de acesso a recursos hídricos, de saneamento, de saúde e de educação, entre tantos outros direitos, marcam de modo radical a caracterização desse universo.

Diante dos desequilíbrios econômicos e sociais visíveis na conjuntura mundial, depois de três décadas do fim da Segunda Guerra, a ONU convocaria, em 1972, a **Conferência de Estocolmo**, na Suécia. Nessa reunião se apresentaria um quadro geral das desigualdades sociais e econômicas do mundo e se apontaria para a necessidade de políticas públicas de abrangência universal para superar esses contrastes e suas consequências. Em 1980, a ONU votaria um **Relatório Global**, em sua sessão ordinária anual, demonstrando que a realidade mundial continuava a apresentar desigualdades estruturais e que haveria necessidade de um amplo esforço de todos os países e de seus governos, de priorizar a redução da pobreza e de promover políticas de desenvolvimento mundial igualitário.

Em 1985, diante de muitos e constantes desastres climáticos, o mundo científico anunciou uma realidade perigosa e preocupante que pairava, literalmente, sobre nossa cabeça: os buracos na camada de ozônio, a natural esfera de proteção da Terra contra os raios solares, causados pela emissão de gases oriundos de energia chamada "suja", decorrente dos derivados de petróleo, usados em larga escala no mundo todo. Os impactos sobre o aumento da temperatura, o degelamento das geleiras, o desequilíbrio das marés e demais consequências ambientais eram patentes.

No ano de 1992, no Brasil, foi realizada a ECO-92, importante encontro mundial para debater os desequilíbrios climáticos e ambientais e suas consequências sociais, econômicas e políticas para nosso planeta. Era o começo de uma nova década – os anos 1990 –, e a consciência da necessidade de um parâmetro universal de proteção e de equilíbrio ecológico e social para gerir a ação econômica, política e social de nossa civilização tornou-se cada dia mais evidente.

Em 1996, novamente, a ONU convocaria um encontro internacional para agilizar as medidas de equilíbrio ambiental, com a COP 1, realizada em Berlim, Alemanha. Nesse evento destacaram-se a denúncia sobre a emissão de gases tóxicos em escala mundial e a necessidade de medidas de contenção dessa emissão. No ano seguinte, 1997, diante do agravamento do desequilíbrio ambiental em esfera mundial, firmou-se, no Japão, assinado pelas Nações Unidas, o Protocolo de Kyoto, que tinha o ideal de reduzir a emissão de gases poluentes e de demarcar uma nova política industrial e energética mundial. A cada ano as denúncias de agressão ao meio ambiente, os conflitos sociais e econômicos provocados pela exposição à miséria e à fome, a pobreza e a violência contra amplas camadas e povos se faziam cada dia mais gritantes.

No ano 2000, ano de fechamento do milênio, as Nações Unidas, reunidas em Nova Iorque (EUA), firmaram a **Declaração do Milênio**, na qual passariam a apresentar o esboço de uma *nova agenda*, retomando os ideais anteriores e acentuando a necessidade urgente de políticas ambientais de abrangência global para a contenção do modelo de economia, sociedade e cultura que se reproduzia em escala mundial com acentos exploratórios, desiguais, desumanos e destrutivos. Em 2012, registramos, novamente no Rio de Janeiro, uma reunião mundial com a intenção de fazer um balanço do que se denominava "Rio + 21", para avaliar as mudanças efetivas desde o marco inaudito produzido em 1992, nessa mesma cidade. Procurava-se avaliar os eventuais avanços na agenda social e ambiental e promover as retomadas e superações das contradições patentes, econômicas, sociais e ambientais. Essa reunião marcaria criteriosamente a emergência dos atuais Objetivos de Desenvolvimento Sustentável (ODS), na direção de traduzir em metas e estratégias as prioridades para o novo milênio, que se abria à história com ares sombrios e contraditórios, em todas as dimensões, social, política, econômica e ambiental.

Em 2015, numa sessão memorável realizada em Nova Iorque, representantes de 193 países, na Assembleia Geral, aplaudiram a promulgação feita pela ONU dos 17 **ODS**, propondo uma agenda internacional comum, a ser buscada de 2016 a 2030, antevendo a necessidade de preparar uma transformação estrutural na economia, na cultura, na ordem mundial e nas esferas da vida comum, para a proteção e a preservação da dignidade humana e da saúde do planeta em que vivemos. Esse é o itinerário de nossos 17 ODS, que reúnem e condensam toda a trajetória de ideais de justiça social e de sustentabilidade, desde a promulgação dos direitos humanos, em 1948, até o nosso momento atual.

A **Cartografia Pedagógica** que ora estamos apresentando é o **roteiro claro** para nos apropriarmos, todos, desse percurso de esclarecimento e de sensibilização percorrido pelas forças sociais progressistas nessas décadas anteriores, de modo que se possa apontar mediações e mecanismos, dispositivos e atitudes para garantir a proteção dos direitos politicamente conquistados, social e juridicamente reconhecidos, para as gerações atuais e para aquelas que virão, com o objetivo de construir um mundo melhor.

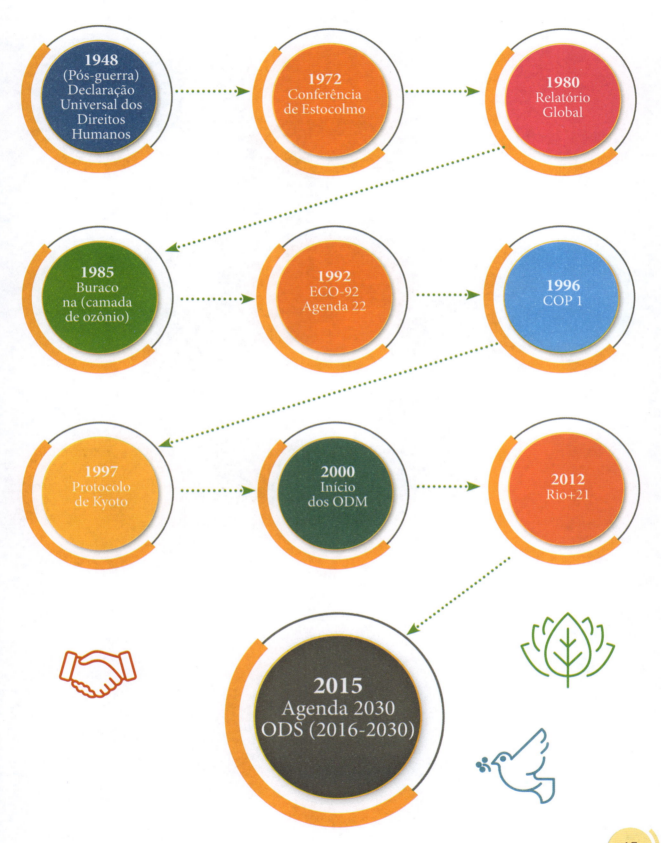

O QUE É A AGENDA 2030?

QUE TAL CONSTRUIRMOS UM MUNDO MELHOR PARA TODOS ATÉ 2030?

É o que pretende o plano global da **Agenda 2030 da ONU** (Organização das Nações Unidas). Para tanto, em setembro de 2015, numa Assembleia Geral das Nações Unidas, realizada em Nova York, com a participação de 193 Estados-membros, foram estabelecidos 17 Objetivos de Desenvolvimento Sustentável.

O compromisso assumido pelos países nessa assembleia definiu a implantação e a implementação de medidas ousadas, envolventes e imprescindíveis para promover o **Estado de Direito**, os Direitos Humanos e a responsabilidade das instituições políticas.

A Agenda 2030 prevê ações no mundo todo nas áreas de erradicação da pobreza, segurança alimentar, agricultura, saúde, educação, igualdade de gênero, redução das desigualdades, energia, água e saneamento, padrões sustentáveis de produção e de consumo, mudança do clima, cidades sustentáveis, proteção e uso sustentável dos oceanos e dos ecossistemas terrestres, crescimento econômico inclusivo, infraestrutura, industrialização, entre outros.

Essa agenda está pautada em cinco áreas de importância, os chamados 5 Ps:

A ONU tem um plano

Compreendendo as dimensões do desenvolvimento sustentável

O Estado de Direito está relacionado à proteção dos direitos fundamentais do homem pelo Estado. No Estado de Direito a lei não pode ser violada. O Brasil é uma democracia participativa estabelecida na Constituição Federal de 1998.

PESSOAS

Erradicar a pobreza e a fome de todas as maneiras e garantir a dignidade e a igualdade.

 ODS 1 – Acabar com a pobreza em todas as suas formas, em todos os lugares.

 ODS 2 – Acabar com a fome, alcançar a segurança alimentar e a melhoria da nutrição e promover a agricultura sustentável.

 ODS 3 – Assegurar uma vida saudável e promover o bem-estar para todas e todos, em todas as idades.

 ODS 4 – Assegurar a educação inclusiva, equitativa e de qualidade e promover oportunidades de aprendizagem ao longo da vida para todas e todos.

 ODS 5 – Alcançar a igualdade de gênero e empoderar todas as mulheres e meninas.

PROSPERIDADE

Garantir vidas prósperas e plenas, em harmonia com a natureza.

 ODS 7 – Assegurar o acesso confiável, sustentável, moderno e a preço acessível à energia para todas e todos.

 ODS 8 – Promover o crescimento econômico sustentado, inclusivo e sustentável, emprego pleno e produtivo e trabalho decente para todas e todos.

 ODS 9 – Construir infraestruturas resilientes, promover a industrialização inclusiva e sustentável e fomentar a inovação.

 ODS 10 – Reduzir a desigualdade dentro dos países e entre eles.

 ODS 11 – Tornar as cidades e os assentamentos humanos inclusivos, seguros, resilientes e sustentáveis.

PAZ

Promover sociedades pacíficas, justas e inclusivas.

 ODS 16 – Promover sociedades pacíficas e inclusivas para o desenvolvimento sustentável, proporcionar o acesso à justiça para todos e construir instituições eficazes, responsáveis e inclusivas em todos os níveis.

PARCERIAS

Implementar a agenda por meio de uma parceria global sólida.

 ODS 17 – Fortalecer os meios de implementação e revitalizar a parceria global para o desenvolvimento sustentável.

PLANETA

Proteger os recursos naturais e o clima do nosso planeta para as gerações futuras.

 ODS 6 – Assegurar a disponibilidade e a gestão sustentável da água e saneamento para todas e todos.

 ODS 12 – Assegurar padrões de produção e de consumo sustentáveis.

 ODS 13 – Tomar medidas urgentes para combater a mudança climática e seus impactos.

 ODS 14 – Conservação e uso sustentável dos oceanos, dos mares e dos recursos marinhos para o desenvolvimento sustentável.

 ODS 15 – Proteger, recuperar e promover o uso sustentável dos ecossistemas terrestres, gerir de forma sustentável as florestas, combater a desertificação, deter e reverter a degradação da terra e deter a perda de biodiversidade.

●●●● O QUE SÃO OS OBJETIVOS DE DESENVOLVIMENTO SUSTENTÁVEL?

Anteriormente já afirmamos, os 17 ODS são propósitos, metas e horizontes a serem alcançados pelas sociedades humanas até o ano de 2030. São 17 os Objetivos de Desenvolvimento Sustentável, e, como já sabemos, para melhor identificação de cada um, foram criados símbolos para eles. Observe novamente:

Cada símbolo representa um objetivo a ser alcançado para a construção de um mundo melhor. Observe cada um dos ODS e a que se referem:

ODS 1 – ERRADICAÇÃO DA POBREZA
ODS 2 – FOME ZERO E AGRICULTURA SUSTENTÁVEL
ODS 3 – SAÚDE E BEM-ESTAR
ODS 4 – EDUCAÇÃO DE QUALIDADE
ODS 5 – IGUALDADE DE GÊNERO
ODS 6 – ÁGUA POTÁVEL E SANEAMENTO
ODS 7 – ENERGIA LIMPA E ACESSÍVEL
ODS 8 – TRABALHO DECENTE E CRESCIMENTO ECONÔMICO
ODS 9 – INDÚSTRIA, INOVAÇÃO E INFRAESTRUTURA
ODS 10 – REDUÇÃO DAS DESIGUALDADES
ODS 11 – CIDADES E COMUNIDADES SUSTENTÁVEIS
ODS 12 – CONSUMO E PRODUÇÃO RESPONSÁVEIS
ODS 13 – AÇÃO CONTRA A MUDANÇA GLOBAL DO CLIMA
ODS 14 – VIDA NA ÁGUA
ODS 15 – VIDA TERRESTRE
ODS 16 – PAZ, JUSTIÇA E INSTITUIÇÕES EFICAZES
ODS 17 – PARCERIAS E MEIOS DE IMPLEMENTAÇÃO

O PACTO CONTRA A FOME é um movimento suprapartidário e multissetorial que tem como objetivo reduzir o desperdício de alimentos no Brasil e chegar em 2030 sem nenhuma pessoa com fome no país.

Entenda os números do desperdício no Brasil, através do infográfico.

Os dados são alarmantes não é mesmo!? Veja algumas dicas de como podemos nos engajar para reduzirmos o desperdício, enquanto indivíduos.

22

VOCÊ SABIA QUE...

• A pandemia do covid-19 causou aumento de 171% nas taxas de evasão escolar, mas, com apoio da ONU e união de esforços de prefeituras, secretarias, gestores e professores, os municípios fizeram um esforço de buscar ativamente esses estudantes para que pudessem retornar às salas de aula?

• Segundo o PIRLS (Estudo Internacional de Progresso em Leitura), entre 57 países avaliados o Brasil ficou em 52º lugar, o que significa dizer que ficou entre os últimos colocados em uma avaliação que consistia em questões de leitura e compreensão de textos?

Daí a importância do ODS 4: Educação de Qualidade. Mais adiante vamos nos aprofundar sobre esse importante objetivo.

REFLEXÃO...

Os efeitos da pandemia frustraram qualquer expectativa de redução da desigualdade de renda, infelizmente. O número de refugiados e de morte de imigrantes aumentou em 2021. Com a guerra na Ucrânia, mais pessoas estão sendo obrigadas a deixar suas casas, o que aumenta ainda mais essa crise.
O ODS 10 é fundamental para reduzir essas desigualdades e garantir que ninguém seja deixado para trás.

Para que os ODS sejam alcançados, a principal estratégia é engajar toda a sociedade; e a escola é, com certeza, um local privilegiado para isso, que contribui para a conscientização de toda a comunidade escolar e, consequentemente, de toda a sociedade. A parceria entre escola e comunidade é fundamental para fomentar reflexões e ações que contribuam para a construção de um mundo melhor.

●●●● CONHECENDO MAIS OS 17 ODS...

Os **17 ODS** são objetivos audaciosos e integrados uns aos outros. Tratam dos principais problemas enfrentados pelos seres humanos tanto no Brasil quanto no mundo afora, e espera-se que sejam atingidos até 2030, com a união de todos os segmentos da sociedade: governo, setor privado, academia e sociedade civil.

Configuram-se em objetivos e metas para, resumidamente, **cuidar das pessoas**, com a erradicação da pobreza e da fome de todas as maneiras, para garantir a dignidade e a igualdade; **promover a prosperidade**, para garantir vidas prósperas e plenas, em harmonia com a natureza; **promover a paz**, por meio da construção de sociedades pacíficas, justas e inclusivas; **estabelecer parcerias**, implementando a agenda por meio de uma parceria global sólida; e **cuidar do planeta**, protegendo os recursos naturais e o clima para as gerações futuras. A seguir vamos nos aprofundar em cada um dos 17 ODS.

Ambiciosos e interconectados, os objetivos responsáveis por essa relevante demanda de "erradicar a pobreza e a fome de todas as maneiras e garantir a dignidade e a igualdade" são os ODS 1, 2, 3, 4 e 5.

O que é a Agenda 2030

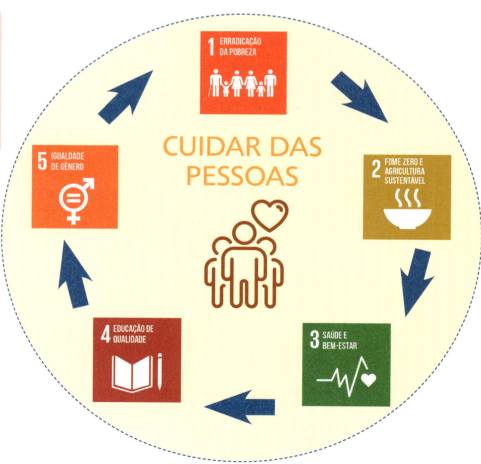

24

ODS 1 – Erradicação da pobreza: acabar com a pobreza em todas as suas formas, em todos os lugares.

Entre os desafios atuais, o ODS 1 é com certeza o mais urgente, e para tanto é fundamental o engajamento de todos os envolvidos no desenvolvimento de alternativas criativas para a erradicação da pobreza extrema, além de sensibilidade e empatia para entender a necessidade das populações mais vulneráveis a essa triste realidade.

Todos nós precisamos de recursos econômicos para prover nossa subsistência. Recursos para sustentar tanto a nossa própria vida quanto a de nossos entes próximos, de nossa família e das demais pessoas que convivem conosco. Assim é no mundo todo. Os economistas e os cientistas sociais definiram algumas características para reconhecer as necessidades humanas básicas e colocaram essas observações em estratos sociais e econômicos, com os conceitos de "pobreza", "pobreza extrema" e outros índices consequentes. A Agenda 2030 tem como objetivo, com base em políticas públicas universalizadas, garantir até 2030 a erradicação da pobreza extrema em todo o planeta. De acordo com a convenção internacional, a pobreza extrema caracteriza-se por pessoas que vivem com menos de US$ 1,90 por dia. Assim, esse ODS 1 busca implementar sistemas de seguridade social, garantir a igualdade nos direitos e no acesso a serviços e recursos econômicos entre homens e mulheres, no mundo inteiro. Dar atenção e garantir mobilização de recursos econômicos, especialmente nos países menos desenvolvidos, para erradicar a pobreza extrema e distribuir mais igualitariamente os recursos materiais gerados é sua intencionalidade objetiva.

Segundo a Organização das Nações Unidas (ONU), atualmente cerca de 828 milhões de pessoas passam fome no mundo, e, no Brasil, 20 milhões, segundo o Instituto Fome Zero (IFZ). São dados assustadores que nos remetem a imagens de adultos e crianças subnutridos, doentes, apáticos, com aparência cansada, entre tantas outras descrições difíceis e dolorosas de fazer.

> **O QUE JÁ VEM SENDO FEITO?**
>
> Você já ouviu falar do Programa Bolsa Família?
>
> O programa é coordenado pelo Ministério do Desenvolvimento Social e Combate à Fome (MDS). Através dele uma renda mensal é transferida para famílias em situação de pobreza e extrema pobreza em todo o território nacional. A seleção das famílias é feita por meio do Cadastro Único para Programas Sociais do Governo Federal. Ainda é muito pouco, porém muitas famílias deixam de passar fome com a adesão a esse programa.

Indiscutivelmente, as crianças são as mais afetadas em seu desenvolvimento, levando sequelas que podem perdurar até a vida adulta; entre elas, problemas de atenção e memória, além de possível acometimento de doenças crônicas, como pressão alta, doenças cardíacas, diabetes e maior predisposição para obesidade.

Para além das descrições médicas, é preciso refletir como se sentem os seres humanos que passam fome, e a autora Carolina Maria de Jesus (1914-1977), em sua obra literária *Quarto de despejo*, faz isso melhor que ninguém: *"A tontura da fome é pior do que a do álcool. A tontura do álcool nos impele a cantar. Mas a da fome nos faz tremer. Percebi que é horrível ter só ar dentro do estômago"*. E nos leva ainda a profundas reflexões: *"É preciso conhecer a fome para saber descrevê-la. O Brasil precisa ser dirigido por uma pessoa que já passou fome. A fome também é professora"*.

Além dessas importantes reflexões, é preciso trazer à tona os problemas causados pela pandemia de covid-19 que fizeram agravar ainda mais a extrema pobreza e, consequentemente, a fome.

METAS DO ODS 1:

1.1 Até 2030, erradicar a pobreza extrema para todas as pessoas, em todos os lugares. Atualmente, a pobreza extrema é medida como pessoas vivendo com menos de US$ 1,90 por dia.

1.2 Até 2030, reduzir pelo menos à metade a proporção de homens, mulheres e crianças, de todas as idades, que vivem na pobreza, em todas as suas dimensões, de acordo com as definições nacionais.

1.3 Implementar, em nível nacional, medidas e sistemas de proteção social adequados, para todos, incluindo pisos, e até 2030 atingir a cobertura substancial dos pobres e vulneráveis.

1.4 Até 2030, garantir que todos os homens e mulheres, particularmente os pobres e vulneráveis, tenham direitos iguais aos recursos econômicos, bem como o acesso a serviços básicos, propriedade e controle sobre a terra e outras formas de propriedade, herança, recursos naturais, novas tecnologias apropriadas e serviços financeiros, incluindo microfinanças.

1.5 Até 2030, construir a resiliência dos pobres e daqueles em situação de vulnerabilidade e reduzir a exposição e vulnerabilidade destes a eventos extremos relacionados com o clima e outros choques e desastres econômicos, sociais e ambientais.

1.a Garantir uma mobilização significativa de recursos a partir de uma variedade de fontes, inclusive por meio do reforço da cooperação para o desenvolvimento, para proporcionar meios adequados e previsíveis para que os países em desenvolvimento, em particular os países menos desenvolvidos (LDCs), implementem programas e políticas para acabar com a pobreza em todas as suas dimensões.

1.b Criar marcos políticos sólidos, em nível nacional, regional e internacional, com base em estratégias de desenvolvimento a favor dos pobres e sensíveis a gênero, para apoiar investimentos acelerados nas ações de erradicação da pobreza.

ODS 2 – Fome zero e agricultura sustentável: acabar com a fome, alcançar a segurança alimentar e a melhoria da nutrição e promover a agricultura sustentável.

A conexão entre os ODS é muito clara: os ODS 1 e 2 são complementares, afinal, a fome está intimamente ligada à pobreza e à extrema pobreza. Porém aqui novas medidas são incorporadas, abrangendo saúde, agricultura sustentável, economia e biodiversidade, sempre com foco em populações vulneráveis e de baixa renda, com o intuito de diminuir a pobreza.

A insegurança alimentar é um problema de dimensão global e, indubitavelmente, está atrelada à pobreza e à desigualdade. Para sua superação, o ODS 2 propõe como alternativa a agricultura sustentável, considerando o ecossistema e os produtores locais para o enfrentamento da fome. Vejamos algumas ações necessárias:

• Combater a fome com políticas públicas, econômicas e sociais, de justiça social, com desenvolvimento humano e qualidade alimentar é uma das grandes metas da Agenda 2030.
• Erradicar a fome e garantir o acesso de todos, principalmente dos mais pobres e vulneráveis, a alimentos seguros, nutritivos e suficientes.
• Acabar, radicalmente, com a desnutrição crônica. Dobrar a produtividade agrícola e dobrar igualmente a renda dos pequenos produtores de alimentos, garantindo sistemas sustentáveis de produção.
• Proteger a diversidade genética de sementes, plantas e animais. Produzir, distribuir e alimentar todos os seres humanos com qualidade e dignidade.

METAS DO ODS 2:

2.1 Até 2030, acabar com a fome e garantir o acesso de todas as pessoas, em particular os pobres e pessoas em situações vulneráveis, incluindo crianças, a alimentos seguros, nutritivos e suficientes durante todo o ano.

2.2 Até 2030, acabar com todas as formas de desnutrição, incluindo atingir até 2025 as metas acordadas internacionalmente sobre desnutrição crônica e desnutrição em crianças menores de cinco anos de idade, e atender às necessidades nutricionais dos adolescentes, mulheres grávidas e lactantes e pessoas idosas.

2.3 Até 2030, dobrar a produtividade agrícola e a renda dos pequenos produtores de alimentos, particularmente de mulheres, povos indígenas, agricultores familiares, pastores e pescadores, inclusive por meio de acesso seguro e igual à terra, outros recursos produtivos e insumos, conhecimento, serviços financeiros, mercados e oportunidades de agregação de valor e de emprego não agrícola.

> ### O QUE JÁ VEM SENDO FEITO?
>
> O Programa de Aquisição de Alimentos (PAA), foi criado em 2003 e tem como objetivos reduzir a fome e incentivar a agricultura familiar. Através desse incentivo pequenos agricultores podem vender sua produção diretamente para o PAA, que assegura a distribuição dos alimentos para as populações por ele assistidas, incluindo a merenda escolar.

2.4 Até 2030, garantir sistemas sustentáveis de produção de alimentos e implementar práticas agrícolas resilientes, que aumentem a produtividade e a produção, que ajudem a manter os ecossistemas, que fortaleçam a capacidade de adaptação às alterações climáticas, às condições meteorológicas extremas, secas, inundações e outros desastres, e que melhorem progressivamente a qualidade da terra e do solo.

2.5 Até 2020, manter a diversidade genética de sementes, plantas cultivadas, animais de criação e domesticados e suas respectivas espécies selvagens, inclusive por meio de bancos de sementes e plantas diversificados e bem geridos nacional, regional e internacionalmente, e garantir o acesso e a repartição justa e equitativa dos benefícios decorrentes da utilização dos recursos genéticos e conhecimentos tradicionais associados, como acordado internacionalmente.

2.a Aumentar o investimento, inclusive via reforço da cooperação internacional, em infraestrutura rural, pesquisa e extensão de serviços agrícolas, desenvolvimento de tecnologia, e os bancos de genes de plantas e animais, para aumentar a capacidade de produção agrícola nos países em desenvolvimento, em particular nos países menos desenvolvidos.

2.b Corrigir e prevenir as restrições ao comércio e distorções nos mercados agrícolas mundiais, incluindo a eliminação paralela de todas as formas de subsídios à exportação e todas as medidas de exportação com efeito equivalente, de acordo com o mandato da Rodada de Desenvolvimento de Doha.

> **VOCÊ SABIA QUE...**
>
> • A primeira Rodada de Doha recebeu esse nome porque aconteceu em Doha, no Catar em 2001?
> • Por meio dela, foram elaborados parâmetros buscando tornar as negociações mais justas entre todos os países?
> • E que os acordos comerciais internacionais deverão levar em consideração as necessidades dos países em desenvolvimento, tais como: a segurança alimentar e o desenvolvimento rural?

2.c Adotar medidas para garantir o funcionamento adequado dos mercados de *commodities* de alimentos e seus derivados, e facilitar o acesso oportuno à informação de mercado, inclusive sobre as reservas de alimentos, a fim de ajudar a limitar a volatilidade extrema dos preços dos alimentos.

29

ODS 3 – Saúde e bem-estar: assegurar uma vida saudável e promover o bem-estar para todas e todos, em todas as idades.

Ao longo da história da humanidade, os homens criaram moradias, sistemas de irrigação, aquedutos, sistemas de saneamento, medicamentos, vacinas, entre tantas outras invenções, buscando viver mais e melhor. Com as pandemias, recentemente com a Covid-19, evidenciou-se a necessidade de maiores investimentos em saúde e sustentabilidade na busca de uma vida mais saudável.

A Organização Mundial da Saúde (OMS) define saúde como um estado de completo bem-estar físico, mental e social, e não apenas como ausência de doença ou enfermidade. Com base nessa definição, é possível pensar nesse objetivo de forma mais ampla e abrangente, considerando outros fatores impactantes nas condições de saúde de uma população, como ausência de saneamento básico e de moradia; alcoolismo, tabagismo, uso de entorpecentes; violência urbana, entre outros.

Como dissemos anteriormente, os ODS têm metas integradas e fundamentais para a construção de um mundo melhor, com comunidades sustentáveis e capazes de buscar melhores condições de vida, saúde e bem-estar.

> **METAS DO ODS 3:**
>
> **3.1** Até 2030, reduzir a taxa de mortalidade materna global para menos de 70 mortes por 100.000 nascidos vivos.
>
> **3.2** Até 2030, acabar com as mortes evitáveis de recém-nascidos e crianças menores de 5 anos, com todos os países objetivando reduzir a mortalidade neonatal para pelo menos 12 por 1.000 nascidos vivos e a mortalidade de crianças menores de 5 anos para pelo menos 25 por 1.000 nascidos vivos.
>
> **3.3** Até 2030, acabar com as epidemias de Aids, tuberculose, malária e doenças tropicais negligenciadas, e combater a hepatite, doenças transmitidas pela água e outras doenças transmissíveis.
>
> **3.4** Até 2030, reduzir em um terço a mortalidade prematura por doenças não transmissíveis (DNTs) via prevenção e tratamento, e promover a saúde mental e o bem-estar.
>
> **3.5** Reforçar a prevenção e o tratamento do abuso de substâncias, incluindo o abuso de drogas entorpecentes e uso nocivo do álcool.

3.6 Até 2020, reduzir pela metade as mortes e os ferimentos globais por acidentes em estradas.

3.7 Até 2030, assegurar o acesso universal aos serviços de saúde sexual e reprodutiva, incluindo o planejamento familiar, informação e educação, bem como a integração da saúde reprodutiva em estratégias e programas nacionais.

3.8 Atingir a cobertura universal de saúde (UHC), incluindo a proteção do risco financeiro, o acesso a serviços de saúde essenciais de qualidade e o acesso a medicamentos e vacinas essenciais seguros, eficazes, de qualidade e a preços acessíveis para todos.

3.9 Até 2030, reduzir substancialmente o número de mortes e doenças por produtos químicos perigosos, contaminação e poluição do ar e água do solo.

3.a Fortalecer a implementação da Convenção-Quadro para o Controle do Tabaco em todos os países, conforme apropriado.

3.b Apoiar a pesquisa e o desenvolvimento de vacinas e medicamentos para as doenças transmissíveis e não transmissíveis, que afetam principalmente os países em desenvolvimento, proporcionar o acesso a medicamentos e vacinas essenciais a preços acessíveis, de acordo com a Declaração de Doha, que afirma o direito dos países em desenvolvimento de utilizarem plenamente as disposições do acordo Trips sobre flexibilidades para proteger a saúde pública e, em particular, proporcionar o acesso a medicamentos para todos.

3.c Aumentar substancialmente o financiamento da saúde e o recrutamento, desenvolvimento e formação, e retenção do pessoal de saúde nos países em desenvolvimento, especialmente nos países menos desenvolvidos e nos pequenos Estados insulares em desenvolvimento.

3.d Reforçar a capacidade de todos os países, particularmente os países em desenvolvimento, para o alerta precoce, redução de riscos e gerenciamento de riscos nacionais e globais de saúde.

ODS 4 – Educação de qualidade: assegurar a educação inclusiva, equitativa e de qualidade, e promover oportunidades de aprendizagem ao longo da vida para todas e todos.

Educação de qualidade - IBGE Explica

INDICAÇÕES LITERÁRIAS

A educação escolar é uma das mais destacadas práticas sociais. Educar é sinônimo de humanizar, de produzir, de transmitir e de constituir a experiência humana em cada geração de crianças, adolescentes e jovens. Garantir que todas as crianças, meninas e meninos, completem o ensino primário e o ensino secundário livre, equitativo e de qualidade e que tenham acesso a um desenvolvimento de qualidade na primeira infância (0 a 6 anos). Assegurar a igualdade de acesso entre os gêneros à educação superior e técnica. Garantir a alfabetização dos jovens e da maioria dos adultos, além de conhecimento básico de matemática.

Para alcançarmos esse objetivo, é necessário que o nosso país coloque a educação como prioridade, pois só assim será possível atingirmos um ensino de maior qualidade. Para tanto, faz-se necessário que os governos federal, estaduais e municipais estabeleçam uma política de longo prazo, visando à evolução da aprendizagem dos estudantes, à valorização e à formação continuada dos professores, bem como outros investimentos para superarmos a exclusão, a evasão e o baixo rendimento, comprovados pelas avaliações de larga escala e pesquisas sobre o nível de alfabetização nacional.

PESQUISA ALFABETIZA BRASIL

O INEP (Instituto Nacional de Estudos e Pesquisas Educacionais Anísio Teixeira) realizou a Pesquisa Alfabetiza Brasil, no 1º semestre de 2023, inicialmente consultando, por amostragem, professoras alfabetizadoras de todo o país, com o intuito de definir o ponto de corte, da escala SAEB (Sistema de Avaliação da Educação Básica), que indica a alfabetização de uma criança ao final do 2º ano do ensino fundamental. Posteriormente os resultados foram analisados por especialistas, além da utilização de parâmetros, matriz e escala de avaliação, para definir as habilidades básicas de leitura e de escrita esperadas para um estudante alfabetizado.

OBJETIVOS DA PESQUISA

Compreender, em termos qualitativos, quais tarefas um aluno do 2º ano do ensino fundamental devidamente alfabetizado é capaz de realizar.
Estabelecer padrão avaliativo para a alfabetização dos estudantes brasileiros.
Proporcionar subsídios para o planejamento e execução de políticas educacionais voltadas à alfabetização.

A DEFINIÇÃO DO ESTUDANTE ALFABETIZADO

Através da pesquisa foi possível delimitar o ponto de corte que indica o estudante alfabetizado a partir de 743 pontos da escala SAEB do 2º ano, ou seja, aqueles capazes de:
• Ler palavras, frases e pequenos textos;
• Localizar informações na superfície textual;
• Produzir inferências básicas com base na articulação entre texto verbal e não verbal, como em tirinhas e histórias em quadrinhos;
• Escrever ortograficamente palavras com regularidades diretas entre fonemas e letras;
• Escrever textos que circulam na vida cotidiana, ainda que com desvios ortográficos ou de segmentação.

DISTRIBUIÇÃO DOS ESTUDANTES PELOS PADRÕES 2º ANO DO ENSINO FUNDAMENTAL

SAEB 2019 E 2021 | BRASIL

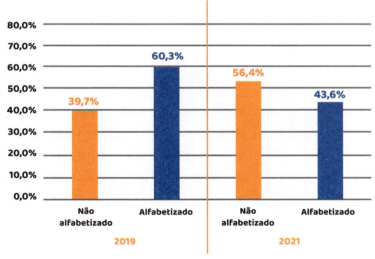

Fonte: Inep/Saeb 2019 e 2021

Desta forma, constatou-se que, entre 2019 e 2021, houve um aumento de 16,7% no número de alunos considerados não alfabetizados, ao final do 2º ano, pelos parâmetros da pesquisa, infelizmente.

A educação é fundamental para as transformações sociais e culturais das sociedades. Portanto, as escolas precisam ser pensadas como grandes propulsoras do desenvolvimento sustentável e ser capazes de impactar as realidades das comunidades nas quais estão inseridas.

> **QUATRO SUGESTÕES PARA DEMOCRATIZAR AS INSTALAÇÕES ESCOLARES - ODS 4**
>
> • Organizar mutirões de revitalização das escolas, envolvendo governo, iniciativa privada e comunidade escolar.
> • Criar de espaços verdes nas escolas para promover a sustentabilidade ambiental.
> • Democratizar a biblioteca escolar como espaço para incentivar a leitura de toda comunidade.
> • Estimular iniciativas culturais por parte dos próprios alunos nas escolas, valorizando suas habilidades.

Nessa perspectiva, para além da mera transmissão de conhecimento, é preciso ouvir as demandas das comunidades, problematizando as questões que as afligem, por meio do desenvolvimento de projetos e ações que contribuam para sanar ou amenizar as dificuldades enfrentadas.

Trata-se de democratizar os saberes por meio de práticas pedagógicas que considerem os conhecimentos construídos, respeitem a cultura local e valorizem a diversidade, assegurando a educação inclusiva, equitativa e de qualidade, promovendo oportunidades de aprendizagem ao longo da vida para todos.

Dessa forma, o foco do ODS 4 é promover educação de qualidade para todos, com metas que evidenciam não apenas a conclusão da educação básica, mas também a conclusão com qualidade, de maneira que todo o processo de educação formal contribua para o desenvolvimento das potencialidades dos estudantes de todos os segmentos, desde a primeira infância até a formação técnica e superior. As metas ressaltam, ainda, a importância de boas instalações, formação de professores, garantia de igualdade de gênero e igualdade de acesso a todos os níveis de educação, entre outras. Vejamos as metas:

METAS DO ODS 4:

4.1 Até 2030, garantir que todas as meninas e meninos completem o ensino primário e secundário livre, equitativo e de qualidade, que conduza a resultados de aprendizagem relevantes e eficazes.

4.2 Até 2030, garantir que todos os meninos e meninas tenham acesso a um desenvolvimento de qualidade na primeira infância, cuidados e educação pré-escolar, de modo que eles estejam prontos para o ensino primário.

4.3 Até 2030, assegurar a igualdade de acesso para todos os homens e mulheres à educação técnica, profissional e superior de qualidade, a preços acessíveis, incluindo universidade.

4.4 Até 2030, aumentar substancialmente o número de jovens e adultos que tenham habilidades relevantes, inclusive competências técnicas e profissionais, para emprego, trabalho decente e empreendedorismo.

4.5 Até 2030, eliminar as disparidades de gênero na educação e garantir a igualdade de acesso a todos os níveis de educação e formação profissional para os mais vulneráveis, incluindo as pessoas com deficiência, povos indígenas e as crianças em situação de vulnerabilidade.

4.6 Até 2030, garantir que todos os jovens e uma substancial proporção dos adultos, homens e mulheres, estejam alfabetizados e tenham adquirido o conhecimento básico de matemática.

4.7 Até 2030, garantir que todos os alunos adquiram conhecimentos e habilidades necessários para promover o desenvolvimento sustentável, inclusive, entre outros, por meio da educação para o desenvolvimento sustentável e estilos de vida sustentáveis, direitos humanos, igualdade de gênero, promoção de uma cultura de paz e não violência, cidadania global e valorização da diversidade cultural e da contribuição da cultura para o desenvolvimento sustentável.

4.a Construir e melhorar instalações físicas para educação, apropriadas para crianças e sensíveis às deficiências e ao gênero e que proporcionem ambientes de aprendizagem seguros e não violentos, inclusivos e eficazes para todos.

4.b Até 2020, substancialmente ampliar globalmente o número de bolsas de estudo para os países em desenvolvimento, em particular, os países menos desenvolvidos, pequenos Estados insulares em desenvolvimento e os países africanos, para o ensino superior, incluindo programas de formação profissional, de tecnologia da informação e da comunicação (TIC), técnicos, de engenharia e programas científicos em países desenvolvidos e outros países em desenvolvimento.

4.c Até 2030, substancialmente aumentar o contingente de professores qualificados, inclusive por meio da cooperação internacional para a formação de professores, nos países em desenvolvimento, especialmente os países menos desenvolvidos e pequenos Estados insulares em desenvolvimento.

ODS 5 – Igualdade de gênero: alcançar a igualdade de gênero e empoderar todas as mulheres e meninas.

Há uma histórica e patente desigualdade de gênero em nossa sociedade, em nossa cultura e em nossa civilização. Acabar com todas as forças de discriminação contra mulheres e meninas, em todo o mundo, igualmente superando todas as formas e práticas de violência contra elas é extremamente urgente. Reconhecer e valorizar o trabalho doméstico não remunerado, por meio de políticas de proteção social, além de promover a responsabilidade doméstica compartilhada, é uma das metas desse ODS, entre as outras metas, estão: garantir a participação plena e a igualdade de oportunidade para liderança na vida política, econômica e pública às mulheres e às meninas, assegurar os direitos reprodutivos, garantir direitos iguais aos recursos econômicos e ao acesso à propriedade e controle sobre a terra e outras formas de propriedade.

A igualdade de gênero ou igualdade sexual exige que homens e mulheres tenham os mesmos direitos e deveres, o que contribui para a construção de uma sociedade justa, sem preconceitos e discriminações.

Para tanto, as mulheres devem ser livres, assim como os homens são, para fazer escolhas, desenvolver suas habilidades e exercer seus direitos, cumprir seus deveres, para buscar oportunidades melhores, sem restrições ou limitações.

Para essa conquista, o ODS 5 tem papel fundamental, pois com suas metas pretende-se acabar com a discriminação e com todas as formas de violência, empoderar todas as mulheres e meninas para que possam também participar da tomada de decisão em importantes pautas na política, na economia e em diversas áreas. Vejamos as metas:

INDICAÇÕES LITERÁRIAS PARA EMPODERAR TODAS AS MULHERES E MENINAS:

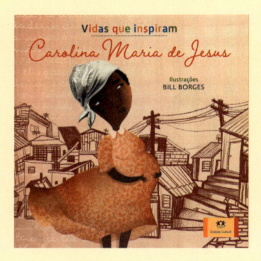

ATENÇÃO!

Recentemente um importante passo foi dado no Brasil para equiparação salarial nos casos em que as mulheres desempenham a mesma função dos homens, através da Lei Ordinária 14611/2023 que institui a Igualdade Salarial e Remuneratória entre Mulheres e Homens.

METAS DO ODS 5:

5.1 Acabar com todas as formas de discriminação contra todas as mulheres e meninas em toda parte.

5.2 Eliminar todas as formas de violência contra todas as mulheres e meninas nas esferas públicas e privadas, incluindo o tráfico e exploração sexual e de outros tipos.

5.3 Eliminar todas as práticas nocivas, como os casamentos prematuros, forçados e de crianças e mutilações genitais femininas.

5.4 Reconhecer e valorizar o trabalho de assistência e doméstico não remunerado, por meio da disponibilização de serviços públicos, infraestrutura e políticas de proteção social, bem como a promoção da responsabilidade compartilhada dentro do lar e da família, conforme os contextos nacionais.

5.5 Garantir a participação plena e efetiva das mulheres e a igualdade de oportunidades para a liderança em todos os níveis de tomada de decisão na vida política, econômica e pública.

5.6 Assegurar o acesso universal à saúde sexual e reprodutiva e os direitos reprodutivos, como acordado em conformidade com o Programa de Ação da Conferência Internacional sobre População e Desenvolvimento e com a Plataforma de Ação de Pequim e os documentos resultantes de suas conferências de revisão.

5.a Realizar reformas para dar às mulheres direitos iguais aos recursos econômicos, bem como o acesso a propriedade e controle sobre a terra e outras formas de propriedade, serviços financeiros, herança e os recursos naturais, de acordo com as leis nacionais.

5.b Aumentar o uso de tecnologias de base, em particular as tecnologias de informação e comunicação, para promover o empoderamento das mulheres.

5.c Adotar e fortalecer políticas sólidas e legislação aplicável para a promoção da igualdade de gênero e o empoderamento de todas as mulheres e meninas em todos os níveis.

GARANTIR VIDAS PRÓSPERA E PLENA, EM HARMONIA COM A NATUREZA

Para dar conta de produzir uma nova economia e de gerar uma nova sociedade, foram alinhados os ODS 7, 8, 9, 10 e 11. Vamos apresentar aqui as informações basilares sobre cada um deles, suas metas e estratégias e indicar sugestões e possibilidades de incorporação e de promoção social, como uma conquista para todos nós, para a plena realização desse horizonte comum.

ODS 7 – Energia limpa e acessível: garantir o acesso a fontes de energia confiáveis, sustentáveis e modernas para todos.

Ninguém vive sem energia. A energia assegura a provisão das necessidades humanas para a garantia da vida. Os seres humanos descobriram algumas formas energéticas postas na natureza e inventaram outras. Sempre ocorre dessa maneira, os grupos humanos descobrem o que já está disponível na natureza e usam para sua sobrevivência, e depois inventam outras formas energéticas para seu aproveitamento. Hoje, dependemos da geração de energia elétrica e da queima dos combustíveis fósseis, na qual se destacam o petróleo e seus derivados (potencialmente poluidores).

Há duas questões significativas relacionadas à energia: gerar e distribuir de maneira igualitária os recursos energéticos necessários para cada pessoa humana garantir sua sobrevivência e seu bem-estar e, em contrapartida, diminuir o uso de combustíveis e formas energéticas poluentes e agressivas ao meio ambiente. O ODS 7 busca assegurar o acesso universal, confiável, moderno e eficiente, a preços justos e acessíveis, a serviços de energia. Aumentar a participação de energias renováveis na matriz energética global, reforçar a cooperação internacional no acesso à pesquisa e às tecnologias de energia limpa, expandir a infraestrutura, além de modernizar a tecnologia para o fornecimento de energia para todas as pessoas, é o campo de promoção desse ODS.

METAS DO ODS 7:

7.1 Até 2030, assegurar o acesso universal, confiável, moderno e a preços acessíveis a serviços de energia.

7.2 Até 2030, aumentar substancialmente a participação de energias renováveis na matriz energética global.

7.3 Até 2030, dobrar a taxa global de melhoria da eficiência energética.

7.a Até 2030, reforçar a cooperação internacional para facilitar o acesso a pesquisa e tecnologias de energia limpa, incluindo energias renováveis, eficiência energética e tecnologias de combustíveis fósseis avançadas e mais limpas, e promover o investimento em infraestrutura de energia e em tecnologias de energia limpa.

7.b Até 2030, expandir a infraestrutura e modernizar a tecnologia para o fornecimento de serviços de energia modernos e sustentáveis para todos nos países em desenvolvimento, particularmente nos países menos desenvolvidos, nos pequenos Estados insulares em desenvolvimento e nos países em desenvolvimento sem litoral, de acordo com seus respectivos programas de apoio.

ODS 8 – Trabalho decente e crescimento econômico: promover o crescimento econômico inclusivo e sustentável, o emprego pleno e produtivo e o trabalho digno para todos.

Tudo o que existe no mundo, além de suas riquezas e de suas plenitudes naturais, foi realizado pelo trabalho humano. Entendemos por "trabalho" a capacidade de transformar a natureza e de prover a sua própria subsistência e sobrevivência. Somente o ser humano é um ser que trabalha; ou seja, o que há no nosso planeta, além da dinâmica natural, é fruto do trabalho humano. No entanto, nem tudo o que é produzido pelos trabalhadores e trabalhadoras é revertido para o bem de todos os que trabalham. E há mais um agravante: condições de trabalho degradantes, indignas e injustas. Desse modo, o ODS 8 busca avaliar a necessidade do trabalho humano como fator de sobrevivência de todos, ao mesmo tempo que se dedica a regular, de maneira ética e justa, a ação humana produtiva.

O trabalho humano digno é a grande expressão da prática social democrática. Para garantir esse trabalho digno e sustentar o crescimento econômico, garantindo crescimento anual de, no mínimo, 7% do PIB, como referência produtiva e atingir níveis mais elevados de produtividade, é necessário promover políticas que apoiem a geração de emprego decente, incentivando o empreendedorismo, o desenvolvimento econômico, o crescimento de micro, pequenas e médias empresas.

Outras disposições importantes deste ODS são: alcançar o emprego pleno e o trabalho decente para todas as pessoas, com remuneração igualitária e erradicar o trabalho forçado, a escravidão moderna, o tráfico de pessoas e o trabalho infantil.

METAS DO ODS 8:

8.1 Sustentar o crescimento econômico *per capita* de acordo com as circunstâncias nacionais e, em particular, um crescimento anual de pelo menos 7% do produto interno bruto (PIB) nos países menos desenvolvidos.

8.2 Atingir níveis mais elevados de produtividade das economias por meio da diversificação, modernização tecnológica e inovação, inclusive por meio de um foco em setores de alto valor agregado e dos setores intensivos em mão de obra.

8.3 Promover políticas orientadas para o desenvolvimento que apoiem as atividades produtivas, a geração de emprego decente, o empreendedorismo, a criatividade e a inovação, e incentivar a formalização e o crescimento das micro, pequenas e médias empresas, inclusive por meio do acesso a serviços financeiros.

8.4 Melhorar progressivamente, até 2030, a eficiência dos recursos globais no consumo e na produção, e empenhar-se para dissociar o crescimento econômico da degradação ambiental, de acordo com o Plano Decenal de Programas sobre Produção e Consumo Sustentáveis, com os países desenvolvidos assumindo a liderança.

8.5 Até 2030, alcançar o emprego pleno e produtivo e trabalho decente para todas as mulheres e homens, inclusive para os jovens e as pessoas com deficiência, e remuneração igual para trabalho de igual valor.

8.6 Até 2020, reduzir substancialmente a proporção de jovens sem emprego, educação ou formação.

8.7 Tomar medidas imediatas e eficazes para erradicar o trabalho forçado, acabar com a escravidão moderna e o tráfico de pessoas, e assegurar a proibição e eliminação das piores formas de trabalho infantil, incluindo recrutamento e utilização de crianças-soldado, e até 2025 acabar com o trabalho infantil em todas as suas formas.

8.8 Proteger os direitos trabalhistas e promover ambientes de trabalho seguros e protegidos para todos os trabalhadores, incluindo os trabalhadores migrantes, em particular as mulheres migrantes, e pessoas em empregos precários.

8.9 Até 2030, elaborar e implementar políticas para promover o turismo sustentável, que gera empregos e promove a cultura e os produtos locais.

8.10 Fortalecer a capacidade das instituições financeiras nacionais para incentivar a expansão do acesso aos serviços bancários, de seguros e financeiros para todos.

8.a Aumentar o apoio da Iniciativa de Ajuda para o Comércio [*Aid for Trade*] para os países em desenvolvimento, particularmente os países menos desenvolvidos, inclusive por meio do Quadro Integrado Reforçado para a Assistência Técnica Relacionada com o Comércio para os países menos desenvolvidos.

8.b Até 2020, desenvolver e operacionalizar uma estratégia global para o emprego dos jovens e implementar o Pacto Mundial para o Emprego da Organização Internacional do Trabalho (OIT).

ODS 9 – Indústria, inovação e infraestrutura: construir infraestruturas resilientes, promover a industrialização inclusiva e sustentável e fomentar a inovação.

Os grupos humanos já viveram da coleta de frutos da natureza, da caça de animais, da produção artesanal e da agricultura. Dessa última, a agricultura, ainda dependemos muito. Mas, a partir do século XVIII, reconhecemos o impacto da Revolução Industrial em nossa vida. As novas formas de geração de energia, do vapor à eletricidade, da eletricidade à energia atômica, são marcantes em nossa trajetória, mas nem sempre com consequências exclusivamente saudáveis. O manejo coletivo e o uso de máquinas e a larga produção, nas cidades e nas fábricas, deram origem à industrialização, acompanhada da crescente urbanização. Esses quase três séculos de industrialização deixaram riquezas e tragédias que precisam ser corrigidas, distribuídas e superadas.

A produção industrial deve gerar bens, riquezas, promover recursos e qualidade de vida para todos, sendo necessário que a infraestrutura seja de qualidade e possa gerar bases de práticas sustentáveis para apoiar o desenvolvimento econômico e garantir o bem-estar humano. Outros aspectos relevantes a serem implantados, por meio de políticas públicas de incentivo, são:

- Aumentar a participação da indústria no setor de emprego e no PIB;
- Aumentar o acesso das pequenas indústrias aos serviços financeiros;
- Fortalecer a pesquisa científica para elevar o nível da indústria;
- Aumentar o acesso às tecnologias de informação e de comunicação para todas as pessoas e grupos sociais.

METAS DO ODS 9:

9.1 Desenvolver infraestrutura de qualidade, confiável, sustentável e resiliente, incluindo infraestrutura regional e transfronteiriça, para apoiar o desenvolvimento econômico e o bem-estar humano, com foco no acesso equitativo e a preços acessíveis para todos.

9.2 Promover a industrialização inclusiva e sustentável e, até 2030, aumentar significativamente a participação da indústria no setor de emprego e no PIB, de acordo com as circunstâncias nacionais, e dobrar sua participação nos países menos desenvolvidos.

9.3 Aumentar o acesso das pequenas indústrias e outras empresas, particularmente em países em desenvolvimento, aos serviços financeiros, incluindo crédito acessível e sua integração em cadeias de valor e mercados.

9.4 Até 2030, modernizar a infraestrutura e reabilitar as indústrias para torná-las sustentáveis, com eficiência aumentada no uso de recursos e maior adoção de tecnologias e processos industriais limpos e ambientalmente corretos; com todos os países atuando de acordo com suas respectivas capacidades.

9.5 Fortalecer a pesquisa científica, melhorar as capacidades tecnológicas de setores industriais em todos os países, particularmente os países em desenvolvimento, inclusive, até 2030, incentivando a inovação e aumentando substancialmente o número de trabalhadores de pesquisa e desenvolvimento por milhão de pessoas e os gastos público e privado em pesquisa e desenvolvimento.

9.a Facilitar o desenvolvimento de infraestrutura sustentável e resiliente em países em desenvolvimento, por meio de maior apoio financeiro, tecnológico e técnico aos países africanos, aos países menos desenvolvidos, aos países em desenvolvimento sem litoral e aos pequenos Estados insulares em desenvolvimento.

9.b Apoiar o desenvolvimento tecnológico, a pesquisa e a inovação nacionais nos países em desenvolvimento, inclusive garantindo um ambiente político propício para, entre outras coisas, a diversificação industrial e a agregação de valor às *commodities*.

9.c Aumentar significativamente o acesso às tecnologias de informação e comunicação e se empenhar para oferecer acesso universal e a preços acessíveis à internet nos países menos desenvolvidos, até 2020.

ODS 10 – Redução das desigualdades: reduzir as desigualdades no interior dos países e entre países.

O Brasil figura entre as dez maiores economias mundiais. O PIB (produto interno bruto) é um dos indicadores mundiais de crescimento econômico, em todas as esferas. Nosso PIB figura entre os dez primeiros do mundo. Mas, se formos observar os índices de outra natureza, o IDH (Índice de Desenvolvimento Humano), por exemplo, que contém indicadores de saneamento básico, de escolarização e educação, de qualidade de vida, o IDH do Brasil é 0,6999 e está em 73ª posição no ranking mundial. Desse modo, reflete-se uma contradição profunda: geramos riqueza, porém não a distribuímos igualitariamente. O Brasil é um do países economicamente mais desiguais do mundo todo.

As desigualdades econômicas, as desigualdades sociais e a diferença de oportunidades atingiram índices alarmantes em nosso mundo atual. Por esse motivo as políticas públicas devem:

- Alcançar e sustentar o crescimento da renda dos 40% da população mais pobre;
- Empoderar e promover a inclusão social, econômica e política de todos, garantindo a igualdade de oportunidades;
- Assegurar maior representatividade dos países em desenvolvimento em instituições internacionais;
- Facilitar a migração e garantir a mobilidade segura e protegida para todos.

METAS DO ODS 10:

10.1 Até 2030, progressivamente alcançar e sustentar o crescimento da renda dos 40% da população mais pobre a uma taxa maior que a média nacional.

10.2 Até 2030, empoderar e promover a inclusão social, econômica e política de todos, independentemente da idade, gênero, deficiência, raça, etnia, origem, religião, condição econômica ou outra.

10.3 Garantir a igualdade de oportunidades e reduzir as desigualdades de resultados, inclusive por meio da eliminação de leis, políticas e práticas discriminatórias e da promoção de legislação, políticas e ações adequadas a este respeito.

10.4 Adotar políticas, especialmente fiscal, salarial e de proteção social, e alcançar progressivamente uma maior igualdade.

10.5 Melhorar a regulamentação e o monitoramento dos mercados e instituições financeiras globais e fortalecer a implementação de tais regulamentações.

10.6 Assegurar uma representação e voz mais forte dos países em desenvolvimento em tomadas de decisão nas instituições econômicas e financeiras internacionais globais, a fim de produzir instituições mais eficazes, críveis, responsáveis e legítimas.

10.7 Facilitar a migração e a mobilidade ordenada, segura, regular e responsável das pessoas, inclusive por meio da implementação de políticas de migração planejadas e bem geridas.

10.a Implementar o princípio do tratamento especial e diferenciado para países em desenvolvimento, em particular os países menos desenvolvidos, em conformidade com os acordos da OMC (Organização Mundial do Comércio).

10.b Incentivar a assistência oficial ao desenvolvimento e fluxos financeiros, incluindo o investimento externo direto, para os Estados onde a necessidade é maior, em particular os países menos desenvolvidos, os países africanos, os pequenos Estados insulares em desenvolvimento e os países em desenvolvimento sem litoral, de acordo com seus planos e programas nacionais.

10.c Até 2030, reduzir para menos de 3% os custos de transação de remessas dos migrantes e eliminar os corredores de remessas com custos superiores a 5%.

ODS 11 – Cidades e comunidades sustentáveis: tornar as cidades e comunidades mais inclusivas, seguras, resilientes e sustentáveis.

A maioria da população mundial vive em cidades. A qualidade de vida das cidades precisa ser questionada e modificada. O Brasil, em pouco mais de cinquenta anos, concentra a maioria de sua população em cidades. Essas cidades ainda não dispõem de saneamento básico para todas as casas, de transporte coletivo acessível e adequado, de moradias dignas, de equipamentos sociais de educação, saúde, cultura e lazer, entre outros. É preciso que lutemos para produzir outro modelo de cidades sustentáveis, inclusivas, ecologicamente pensadas, seguras, lugares de viver bem.

Além de garantir o acesso de todos a habitação segura, a moradia adequada e a preço acessível, desencadear eficientes mecanismos de geração de serviços básicos com o objetivo de urbanizar as favelas e assegurar o acesso a sistemas de transporte seguros, com expansão dos transportes públicos e sustentáveis, as políticas públicas precisam englobar os seguintes pontos:

- Aumentar a urbanização inclusiva e sustentável;
- Proteger o patrimônio cultural e natural do mundo;
- Reduzir o número de mortos e de grupos ou pessoas afetadas por catástrofes, bem como superar as consequências de desastrosos impactos econômicos sobre populações vulneráveis;
- Reduzir o impacto ambiental negativo das cidades;
- Aumentar o número de cidades e de assentamentos humanos sustentáveis, seguros e qualificados.

METAS DO ODS 11:

11.1 Até 2030, garantir o acesso de todos a habitação segura, adequada e a preço acessível e aos serviços básicos e urbanizar as favelas.

11.2 Até 2030, proporcionar o acesso a sistemas de transporte seguros, acessíveis, sustentáveis e a preço acessível para todos, melhorando a segurança rodoviária por meio da expansão dos transportes públicos, com especial atenção para as necessidades das pessoas em situação de vulnerabilidade, mulheres, crianças, pessoas com deficiência e idosos.

11.3 Até 2030, aumentar a urbanização inclusiva e sustentável e as capacidades para o planejamento e gestão de assentamentos humanos participativos, integrados e sustentáveis, em todos os países.

11.4 Fortalecer esforços para proteger e salvaguardar o patrimônio cultural e natural do mundo.

11.5 Até 2030, reduzir significativamente o número de mortes e o número de pessoas afetadas por catástrofes e substancialmente diminuir as perdas econômicas diretas causadas por elas em relação ao produto interno bruto global, incluindo os desastres relacionados à água, com o foco em proteger os pobres e as pessoas em situação de vulnerabilidade.

11.6 Até 2030, reduzir o impacto ambiental negativo *per capita* das cidades, inclusive prestando especial atenção à qualidade do ar, gestão de resíduos municipais e outros.

11.7 Até 2030, proporcionar o acesso universal a espaços públicos seguros, inclusivos, acessíveis e verdes, particularmente para as mulheres e crianças, pessoas idosas e pessoas com deficiência.

11.a Apoiar relações econômicas, sociais e ambientais positivas entre áreas urbanas, periurbanas e rurais, reforçando o planejamento nacional e regional de desenvolvimento.

11.b Até 2020, aumentar substancialmente o número de cidades e assentamentos humanos adotando e implementando políticas e planos integrados para a inclusão, a eficiência dos recursos, mitigação e adaptação às mudanças climáticas, a resiliência a desastres; e desenvolver e implementar, de acordo com o Marco de Sendai para a Redução do Risco de Desastres 2015-2030, o gerenciamento holístico do risco de desastres em todos os níveis.

11.c Apoiar os países menos desenvolvidos, inclusive por meio de assistência técnica e financeira, para construções sustentáveis e resilientes, utilizando materiais locais.

ODS 16 – Paz, justiça e instituições eficazes: promover sociedades pacíficas e inclusivas para o desenvolvimento sustentável, proporcionar o acesso à justiça para todos e construir instituições eficazes, responsáveis e inclusivas em todos os níveis.

Segundo o dicionário *Michaelis*, uma das definições de paz é "Situação em que não há guerra nem enfrentamento entre dois ou mais países...", mas, para além dessa definição, também podemos pensar em paz como a garantia de que as pessoas tenham moradia, alimentação, educação, saúde, justiça, entre outros elementos, para uma boa qualidade de vida, que assegure igualdade e equidade.

Só alinhando paz, justiça e instituições eficazes, responsáveis e inclusivas, os direitos humanos serão garantidos e, consequentemente, o desenvolvimento de sociedades sustentáveis.

Porém, de acordo com o Sustainable Development Goals Report 2022 (Relatório dos Objetivos de Desenvolvimento Sustentável de 2022), o Brasil encontra-se no 53º lugar entre os 193 países que se responsabilizaram com os ODS. Com relação ao ODS 16, o Brasil está abaixo do cumprimento da meta, por isso é necessário que todos se conscientizem quanto à importância de alcançarmos esse objetivo.

METAS DO ODS 16:

16.1 Reduzir significativamente todas as formas de violência e as taxas de mortalidade relacionada em todos os lugares.

16.2 Acabar com abuso, exploração, tráfico e todas as formas de violência e tortura contra crianças.

16.3 Promover o Estado de Direito, em nível nacional e internacional, e garantir a igualdade de acesso à justiça para todos.

16.4 Até 2030, reduzir significativamente os fluxos financeiros e de armas ilegais, reforçar a recuperação e devolução de recursos roubados e combater todas as formas de crime organizado.

16.5 Reduzir substancialmente a corrupção e o suborno em todas as suas formas.

16.6 Desenvolver instituições eficazes, responsáveis e transparentes em todos os níveis.

16.7 Garantir a tomada de decisão responsiva, inclusiva, participativa e representativa em todos os níveis.

16.8 Ampliar e fortalecer a participação dos países em desenvolvimento nas instituições de governança global.

16.9 Até 2030, fornecer identidade legal para todos, incluindo o registro de nascimento.

16.10 Assegurar o acesso público à informação e proteger as liberdades fundamentais, em conformidade com a legislação nacional e os acordos internacionais.

16.a Fortalecer as instituições nacionais relevantes, inclusive por meio da cooperação internacional, para a construção de capacidades em todos os níveis, em particular nos países em desenvolvimento, para a prevenção da violência e o combate ao terrorismo e ao crime.

16.b Promover e fazer cumprir leis e políticas não discriminatórias para o desenvolvimento sustentável.

ODS 17 – Parcerias e meios de implementação: reforçar os meios de implementação e revitalizar a parceria para o desenvolvimento sustentável.

IMPLEMENTAR A AGENDA POR MEIO DE UMA PARCERIA GLOBAL E SÓLIDA

A palavra "parceria" significa "agir paritariamente, agir em pares, agir entre pares". Ela, por sua vez, sugere a intenção de firmar acordos, de fundamentar pactos e de estabelecer ações conjuntas, conveniadas, definidas em comum, em regime de concordância, entre entidades, pessoas e instituições. Formar parcerias decorre da concepção de que não fazemos os processos acontecerem somente com nossa suposta intenção ou força. Não fazemos nada sozinhos. Temos de nos unir, temos de reunir forças e constituir atitudes e práticas comuns para dar conta das tarefas que a Agenda 2030 nos indica.

Um dos grandes desafios de nossa sociedade consiste em buscar tornar real, ou seja, tornar efetivo e prático o direito social que é reconhecido e proclamado pelas leis, pelos tratados e pelas convenções, como o direito à educação. A educação é o campo de formação da integralidade da pessoa humana. Desse modo, a educação é o campo significativo da atuação de todos os agentes envolvidos na prática escolar, para a construção de um mundo melhor e igualitário para todos.

No ODS 17, temos a intenção de melhorar significativamente as condições econômicas, institucionais e financeiras de nossa sociedade para garantir o direito pleno de todas as pessoas ao trabalho digno, ao consumo responsável, ao financiamento necessário às suas atividades e projetos, à garantia de seus direitos econômicos e produtivos.

No ponto básico desse ODS 17 que trata das **Finanças**, buscamos fundamentar o necessário direito de garantir condições de financiamento para a sustentação de políticas públicas e sociais, ambientais e culturais de natureza sustentável e isonômica. Os países ricos têm o dever de auxiliar as economias em desenvolvimento e subsidiar as economias mais pobres.

Teremos igualmente de ampliar nosso conceito de "**tecnologia**", acrescentando--lhe uma dimensão deontológica, para gerar o bem-estar e a qualidade de vida para as pessoas e para nosso planeta. Melhorar a cooperação no acesso à ciência, à tecnologia e à inovação. Promover o desenvolvimento e a difusão de tecnologias ambientalmente corretas para os países em desenvolvimento.

Outra dimensão abordada neste ODS é a questão da **Capacitação**. Essa palavra significa "formação continuada ou permanente para todas as pessoas". Reforçar o apoio internacional para a implementação eficaz e orientada da formação continuada ou capacitação em países em desenvolvimento, a fim de apoiar os planos nacionais para implementar todos os Objetivos de Desenvolvimento Sustentável. Capacitar pode significar conscientizar, esclarecer, proporcionar apropriações teóricas e manejo de subsídios práticos para entender, apropriar, reconhecer, gerar práticas e implementar determinadas ações e projetos.

O ponto deste ODS 17 que trata do **Comércio** deve ser entendido de maneira inclusiva e justa. Essa dimensão econômica é hoje um dos fundamentos da globalização, o reconhecido livre-comércio. Promover um sistema multilateral de comércio universal não discriminatório e equitativo. Aumentar as exportações dos países em desenvolvimento, promover maior equilíbrio comercial, apoiar economias emergentes e superar todas as formas de boicote comercial são algumas de nossas metas.

O ODS 17 aponta, ainda, a necessidade do planejamento e da ordenação das **questões sistêmicas**, isto é, das condições regulares de institucionalização e de desenvolvimento de projetos, de programas e de atividades para a implementação da Agenda 2030. Trata-se de uma preocupação com a exequibilidade dessas metas e desses ODS.

METAS DO ODS 17:

FINANÇAS

17.1 Fortalecer a mobilização de recursos internos, inclusive por meio do apoio internacional aos países em desenvolvimento, para melhorar a capacidade nacional para arrecadação de impostos e outras receitas.

17.2 Países desenvolvidos implementarem plenamente os seus compromissos em matéria de assistência oficial ao desenvolvimento (AOD), inclusive fornecer 0,7% da renda nacional bruta (RNB) em AOD aos países em desenvolvimento, dos quais 0,15% a 0,20% para os países menos desenvolvidos; provedores de AOD são encorajados a considerar a definição de uma meta para fornecer pelo menos 0,20% da renda nacional bruta em AOD para os países menos desenvolvidos.

17.3 Mobilizar recursos financeiros adicionais para os países em desenvolvimento a partir de múltiplas fontes.

17.4 Ajudar os países em desenvolvimento a alcançar a sustentabilidade da dívida de longo prazo por meio de políticas coordenadas destinadas a promover o financiamento, a redução e a reestruturação da dívida, conforme apropriado, e tratar da dívida externa dos países pobres altamente endividados para reduzir o superendividamento.

17.5 Adotar e implementar regimes de promoção de investimentos para os países menos desenvolvidos.

TECNOLOGIA

17.6 Melhorar a cooperação Norte-Sul, Sul-Sul e triangular regional e internacional e o acesso à ciência, tecnologia e inovação, e aumentar o compartilhamento de conhecimentos em termos mutuamente acordados, inclusive por meio de uma melhor coordenação entre os mecanismos existentes, particularmente no nível das Nações Unidas, e por meio de um mecanismo de facilitação de tecnologia global.

17.7 Promover o desenvolvimento, a transferência, a disseminação e a difusão de tecnologias ambientalmente corretas para os países em desenvolvimento, em condições favoráveis, inclusive em condições concessionais e preferenciais, conforme mutuamente acordado.

17.8 Operacionalizar plenamente o Banco de Tecnologia e o mecanismo de capacitação em ciência, tecnologia e inovação para os países menos desenvolvidos até 2017, e aumentar o uso de tecnologias de capacitação, em particular das tecnologias de informação e comunicação.

CAPACITAÇÃO

17.9 Reforçar o apoio internacional para a implementação eficaz e orientada da capacitação em países em desenvolvimento, a fim de apoiar os planos nacionais para implementar todos os Objetivos de Desenvolvimento Sustentável, inclusive por meio da cooperação Norte-Sul, Sul-Sul e triangular.

COMÉRCIO

17.10 Promover um sistema multilateral de comércio universal, baseado em regras, aberto, não discriminatório e equitativo no âmbito da Organização Mundial do Comércio, inclusive por meio da conclusão das negociações no âmbito de sua Agenda de Desenvolvimento de Doha.

17.11 Aumentar significativamente as exportações dos países em desenvolvimento, em particular com o objetivo de duplicar a participação dos países menos desenvolvidos nas exportações globais até 2020.

17.12 Concretizar a implementação oportuna de acesso a mercados livres de cotas e taxas, de forma duradoura, para todos os países menos desenvolvidos, de acordo com as decisões da OMC, inclusive por meio de garantias de que as regras de origem preferenciais aplicáveis às importações provenientes de países menos desenvolvidos sejam transparentes e simples, e contribuam para facilitar o acesso ao mercado.

QUESTÕES SISTÊMICAS

Pela expressão técnica, aqui denominada "questões sistêmicas", precisamos entender algumas práticas institucionais, isto é, alguns projetos, algumas determinações jurídicas e políticas, determinados programas que devem ser criteriosamente criados, produzidos ou firmados, para que os 17 ODS sejam, de fato, viáveis, possíveis, entendidos, assimilados e implementados. As tais "questões sistêmicas" são as disposições legais, econômicas, políticas e sociais que visam constituir as bases para a proposição da Agenda 2030. Se não forem realizadas as "questões sistêmicas", teremos dificuldades para implementar esses 17 ODS. Sem o encaminhamento das "questões sistêmicas", teremos o trágico veredicto: "são bonitas essas metas, mas não funcionam". Não podemos admitir isso! Temos o dever de transformar em prática social esses 17 ODS.

COERÊNCIA DE POLÍTICAS INTERNACIONAIS E NACIONAIS E GERAÇÃO DE CRITERIOSO FUNDAMENTO INSTITUCIONAL

Como sabemos, cada país segue sua política e suas leis, por isso, é necessário aumentar a estabilidade macroeconômica global e a coerência das políticas para o desenvolvimento sustentável, respeitar o espaço político e a liderança de cada país para estabelecer e implementar políticas para a erradicação da pobreza e o desenvolvimento sustentável, e fazer valer as convencionalidades internacionais e nacionais a fim de gerar uma economia e uma sociedade igualitária, justa, sustentável, diversa e inclusiva.

AS PARCERIAS MULTISSETORIAIS

Trata-se de reforçar a parceria global para o desenvolvimento sustentável, complementada por parcerias multissetoriais que mobilizem e compartilhem conhecimentos, tecnologias e recursos financeiros, para apoiar a realização dos 17 ODS em todos os países, particularmente nos países em desenvolvimento. Outro ponto que não pode ser deixado de lado é a importância de incentivar e promover parcerias públicas, público-privadas e com a sociedade civil, gerando uma rede de sujeitos sociais a fim de universalizar os fundamentos e as práticas decorrentes dos 17 ODS.

DADOS, MONITORAMENTO E PRESTAÇÃO DE CONTAS

O que garante dados reais sobre o cenário atual é reforçar o apoio à capacitação (aqui assumida como formação continuada no campo dos 17 ODS) para os países em desenvolvimento, a fim de aumentar significativamente a disponibilidade de dados demográficos de alta qualidade, atuais e confiáveis.

COERÊNCIA DE POLÍTICAS E INSTITUCIONAL

17.13 Aumentar a estabilidade macroeconômica global, inclusive por meio da coordenação e da coerência de políticas.

17.14 Aumentar a coerência das políticas para o desenvolvimento sustentável.

17.15 Respeitar o espaço político e a liderança de cada país para estabelecer e implementar políticas para a erradicação da pobreza e o desenvolvimento sustentável.

AS PARCERIAS MULTISSETORIAIS

17.16 Reforçar a parceria global para o desenvolvimento sustentável, complementada por parcerias multissetoriais que mobilizem e compartilhem conhecimento, *expertise*, tecnologia e recursos financeiros, para apoiar a realização dos Objetivos do Desenvolvimento Sustentável em todos os países, particularmente nos países em desenvolvimento.

17.17 Incentivar e promover parcerias públicas, público-privadas e com a sociedade civil eficazes, a partir da experiência das estratégias de mobilização de recursos dessas parcerias.

DADOS, MONITORAMENTO E PRESTAÇÃO DE CONTAS

17.18 Até 2020, reforçar o apoio à capacitação para os países em desenvolvimento, inclusive para os países menos desenvolvidos e pequenos Estados insulares em desenvolvimento, para aumentar significativamente a disponibilidade de dados de alta qualidade, atuais e confiáveis, desagregados por renda, gênero, idade, raça, etnia, status migratório, deficiência, localização geográfica e outras características relevantes em contextos nacionais.

17.19 Até 2030, valer-se de iniciativas existentes para desenvolver medidas do progresso do desenvolvimento sustentável que complementem o produto interno bruto (PIB) e apoiem a capacitação estatística nos países em desenvolvimento.

PROTEGER OS RECURSOS NATURAIS E O CLIMA DO NOSSO PLANETA PARA AS GERAÇÕES FUTURAS

A fim de proteger os recursos naturais e preservar o equilíbrio climático de nosso planeta, de modo a garantir uma vida digna e sustentável para as gerações atuais e futuras, foram constituídos os ODS 6, 12, 13, 14, 15.

ODS 6 – Água potável e saneamento: assegurar a disponibilidade e gestão sustentável da água e saneamento para todas e todos.

Nosso planeta poderia ser chamado de "Planeta Água", considerando a amplitude dessa substância. Mas bilhões de pessoas não têm acesso à água potável diariamente. Alcançar o acesso universal e equitativo à água potável e segura, bem como ao saneamento básico e às práticas de higiene, para todos e todas, é um dos grandes pontos deste ODS. Melhorar, também, a qualidade da água, reduzindo a poluição, e aumentar a eficiência do uso racional e equilibrado desse bem, além de assegurar retiradas sustentáveis e gerar eficientes fontes de abastecimento para enfrentar a escassez. E, ainda, proteger e restaurar ecossistemas relacionados à água.

Dos 8 bilhões de pessoas que existem hoje no nosso mundo, 2 bilhões de seres humanos não têm acesso à água potável. Manejamos tantos recursos científicos e tecnológicos, potentes e capazes de gerar maravilhas em todas as áreas da ação humana, no entanto ainda não somos capazes de reconhecer o valor do direito ao bem mais simples e necessário para gerar, prover e garantir a diversidade da vida: a água. Além disso, os recursos para a captação de água, os meios de sua distribuição e de seu tratamento, em muitas sociedades, são geridos em prol do lucro e da mercantilização desse bem basilar da natureza e da humanidade.

Teremos de desenvolver uma elevação da consciência comum sobre o *direito à água* como um direito humano inalienável, a ser garantido por todas as constituições e sociedades, de modo a produzir saúde e justiça social. As questões que envolvem as secas constantes, resultantes do desmatamento desregrado, o uso indiscriminado de agrotóxicos altamente poluentes, a degradação das nascentes e o descuido estrutural para com os rios têm sido uma constante em nossa cultura e em nossa tradição social dominante. Precisamos tomar consciência da necessidade de reverter esse quadro e gerar condições de respeitar, recuperar e formar gerações para a preservação, socialização e distribuição justa dos recursos hídricos para todos, como bem comum e como base inicial de uma comunidade humana.

A falta generalizada de saneamento urbano é outra grande causa de desequilíbrio social e de produção de doenças, além da geração de condições de habitação indignas, para amplas camadas da população. O Brasil ainda precisará ampliar os serviços urbanos de saneamento; somente 52% das cidades têm saneamento em suas casas, o que significa que 100 milhões de pessoas no nosso país não contam com saneamento urbano.

METAS DO ODS 6:

6.1 Até 2030, alcançar o acesso universal e equitativo a água potável e segura para todos.

6.2 Até 2030, alcançar o acesso a saneamento e higiene adequados e equitativos para todos, e acabar com a defecação a céu aberto, com especial atenção para as necessidades das mulheres e meninas e daqueles em situação de vulnerabilidade.

6.3 Até 2030, melhorar a qualidade da água, reduzindo a poluição, eliminando despejo e minimizando a liberação de produtos químicos e materiais perigosos, reduzindo à metade a proporção de águas residuais não tratadas e aumentando substancialmente a reciclagem e reutilização segura globalmente.

6.4 Até 2030, aumentar substancialmente a eficiência do uso da água em todos os setores e assegurar retiradas sustentáveis e o abastecimento de água doce para enfrentar a escassez de água, e reduzir substancialmente o número de pessoas que sofrem com a escassez de água.

6.5 Até 2030, implementar a gestão integrada dos recursos hídricos em todos os níveis, inclusive via cooperação transfronteiriça, conforme apropriado.

6.6 Até 2020, proteger e restaurar ecossistemas relacionados com a água, incluindo montanhas, florestas, zonas úmidas, rios, aquíferos e lagos.

6.a Até 2030, ampliar a cooperação internacional e o apoio à capacitação para os países em desenvolvimento em atividades e programas relacionados à água e saneamento, incluindo a coleta de água, a dessalinização, a eficiência no uso da água, o tratamento de efluentes, a reciclagem e as tecnologias de reúso.

6.b Apoiar e fortalecer a participação das comunidades locais, para melhorar a gestão da água e do saneamento.

ODS 12 – Consumo e produção responsáveis: assegurar padrões de produção e de consumo sustentáveis.

A sociedade atual é uma sociedade que produz e que consome bens e serviços. O consumo é a finalidade de toda produção. No entanto, muitas vezes alguns grupos humanos não têm o necessário para sobreviver, e outros ostentam índices de consumo demasiados, desigualmente. Além do consumismo, decorrente da influência desenfreada em consumir produtos desnecessários e supérfluos, há a poluição e a degradação de recursos e ambientes naturais resultantes da falta e da destinação adequada dos resíduos sólidos, do plástico, derivados do consumo de modo geral.

Infelizmente, nossa sociedade alcançou índices preocupantes de consumo, ainda que desigual e muitas vezes irresponsável. No entanto, políticas públicas direcionadas ao assunto podem evitar o agravamento da situação:

- Alcançar a gestão sustentável e promover o uso eficiente dos recursos naturais;
- Reduzir o desperdício de alimentos e as estrondosas perdas ao longo das cadeias de produção e abastecimento;
- Reduzir a geração e alcançar o manejo ambiental dos produtos químicos e de todos os resíduos dessa mesma identidade, de modo a minimizar o impacto negativo dos produtos agrotóxicos sobre a saúde das pessoas, dos animais e de todas as formas de vida e do meio ambiente;
- Incentivar as empresas a adotarem práticas sustentáveis.

METAS DO ODS 12:

12.1 Implementar o Plano Decenal de Programas sobre Produção e Consumo Sustentáveis, com todos os países tomando medidas, e os países desenvolvidos assumindo a liderança, tendo em conta o desenvolvimento e as capacidades dos países em desenvolvimento.

12.2 Até 2030, alcançar a gestão sustentável e o uso eficiente dos recursos naturais.

12.3 Até 2030, reduzir pela metade o desperdício de alimentos *per capita* mundial, nos níveis de varejo e do consumidor, e reduzir as perdas de alimentos ao longo das cadeias de produção e abastecimento, incluindo as perdas pós-colheita.

12.4 Até 2020, alcançar o manejo ambientalmente saudável dos produtos químicos e todos os resíduos, ao longo de todo o ciclo de vida destes, de acordo com os marcos internacionais acordados, e reduzir significativamente a liberação destes para o ar, água e solo, para minimizar seus impactos negativos sobre a saúde humana e o meio ambiente.

12.5 Até 2030, reduzir substancialmente a geração de resíduos por meio da prevenção, redução, reciclagem e reúso.

12.6 Incentivar as empresas, especialmente as empresas grandes e transnacionais, a adotar práticas sustentáveis e a integrar informações de sustentabilidade em seu ciclo de relatórios.

12.7 Promover práticas de compras públicas sustentáveis, de acordo com as políticas e prioridades nacionais.

12.8 Até 2030, garantir que as pessoas, em todos os lugares, tenham informação relevante e conscientização para o desenvolvimento sustentável e estilos de vida em harmonia com a natureza.

12.a Apoiar países em desenvolvimento a fortalecer suas capacidades científicas e tecnológicas para mudar para padrões mais sustentáveis de produção e consumo.

12.b Desenvolver e implementar ferramentas para monitorar os impactos do desenvolvimento sustentável para o turismo sustentável, que gera empregos, promove a cultura e os produtos locais.

12.c Racionalizar subsídios ineficientes aos combustíveis fósseis, que encorajam o consumo exagerado, eliminando as distorções de mercado, de acordo com as circunstâncias nacionais, inclusive por meio da reestruturação fiscal e a eliminação gradual desses subsídios prejudiciais, caso existam, para refletir os seus impactos ambientais, tendo plenamente em conta as necessidades específicas e condições dos países em desenvolvimento e minimizando os possíveis impactos adversos sobre o seu desenvolvimento de uma forma que proteja os pobres e as comunidades afetadas.

ODS 13 – Ação contra a mudança global do clima: tomar medidas urgentes para combater a mudança climática e seus impactos.

Há um conhecido axioma, atribuído a um líder indígena americano, que afirma: "Tudo o que acontecer à terra acontecerá aos filhos da terra". Nada mais atual que essa quase "profecia". Somos do planeta Terra, somos "terráqueos", em última instância. Se não cuidarmos da "casa comum", na feliz expressão contemporânea, teremos de sofrer as consequências de toda a nossa força agressiva contra as regularidades de nosso modelo de gestão da natureza, da Terra.

A natureza tem dado sinais de desarranjo e de padecimento estrutural, o que torna necessário reforçar a resiliência na adaptação a riscos relacionados ao clima e às catástrofes naturais, integrando medidas da mudança do clima nas políticas, nas estratégias e nos planejamentos nacionais. Promover a educação e a conscientização sobre a redução do impacto ambiental e gerar constantes e eficientes práticas de alerta da mudança do clima também é importante.

METAS DO ODS 13:

13.1 Reforçar a resiliência e a capacidade de adaptação a riscos relacionados ao clima e às catástrofes naturais em todos os países.

13.2 Integrar medidas da mudança do clima nas políticas, estratégias e planejamentos nacionais.

13.3 Melhorar a educação, aumentar a conscientização e a capacidade humana e institucional sobre mitigação, adaptação, redução de impacto e alerta precoce da mudança do clima.

13.a Implementar o compromisso assumido pelos países desenvolvidos partes da Convenção – Quadro das Nações Unidas sobre Mudança do Clima (UNFCCC) para a meta de mobilizar conjuntamente US$ 100 bilhões por ano a partir de 2020, de todas as fontes, para atender às necessidades dos países em desenvolvimento, no contexto das ações de mitigação significativas e transparência na implementação; e operacionalizar plenamente o Fundo Verde para o Clima por meio de sua capitalização o mais cedo possível.

13.b Promover mecanismos para a criação de capacidades para o planejamento relacionado à mudança do clima e à gestão eficaz, nos países menos desenvolvidos, inclusive com foco em mulheres, jovens, comunidades locais e marginalizadas.

ODS 14 – Vida na água: conservação e uso sustentável dos oceanos, dos mares e dos recursos marinhos para o desenvolvimento sustentável.

Este ODS destaca a necessidade de preservar a vida nos mares, nos rios e em todos os ecossistemas aquáticos, de prevenir e reduzir a poluição marinha, proteger os ecossistemas marinhos e costeiros e tomar medidas de restauração de tudo o que de nocivo já foi efetivado historicamente. Entre outras necessidades, as principais são:

- Acabar com as práticas de pesca destrutivas e ilegais;
- Proporcionar o acesso dos pescadores artesanais de pequena escala aos recursos marinhos e aos mercados;
- Assegurar a conservação e o uso sustentável dos oceanos e de seus recursos, com práticas de proteção, de preservação e de manejo adequado.

METAS DO ODS 14:

14.1 Até 2025, prevenir e reduzir significativamente a poluição marinha de todos os tipos, especialmente a advinda de atividades terrestres, incluindo detritos marinhos e a poluição por nutrientes.

14.2 Até 2020, gerir de forma sustentável e proteger os ecossistemas marinhos e costeiros para evitar impactos adversos significativos, inclusive por meio do reforço da sua capacidade de resiliência, e tomar medidas para a sua restauração, a fim de assegurar oceanos saudáveis e produtivos.

14.3 Minimizar e enfrentar os impactos da acidificação dos oceanos, inclusive por meio do reforço da cooperação científica em todos os níveis.

14.4 Até 2020, efetivamente regular a coleta e acabar com a sobrepesca, ilegal, não reportada e não regulamentada e as práticas de pesca destrutivas, e implementar planos de gestão com base científica, para restaurar populações de peixes no menor tempo possível, pelo menos em níveis que possam produzir rendimento máximo sustentável, como determinado por suas características biológicas.

14.5 Até 2020, conservar pelo menos 10% das zonas costeiras e marinhas, de acordo com a legislação nacional e internacional, e com base na melhor informação científica disponível.

14.6 Até 2020, proibir certas formas de subsídios à pesca, que contribuem para a sobrecapacidade e a sobrepesca, e eliminar os subsídios que contribuam para a pesca ilegal, não reportada e não regulamentada, e abster-se de introduzir novos subsídios como esses, reconhecendo que o tratamento especial e diferenciado adequado e eficaz para os países em desenvolvimento e os países menos desenvolvidos deve ser parte integrante da negociação sobre subsídios à pesca da Organização Mundial do Comércio.

14.7 Até 2030, aumentar os benefícios econômicos para os pequenos Estados insulares em desenvolvimento e os países menos desenvolvidos, a partir do uso sustentável dos recursos marinhos, inclusive por meio de uma gestão sustentável da pesca, aquicultura e turismo.

14.a Aumentar o conhecimento científico, desenvolver capacidades de pesquisa e transferir tecnologia marinha, tendo em conta os critérios e orientações sobre a Transferência de Tecnologia Marinha da Comissão Oceanográfica Intergovernamental, a fim de melhorar a saúde dos oceanos e aumentar a contribuição da biodiversidade marinha para o desenvolvimento dos países em desenvolvimento, em particular os pequenos Estados insulares em desenvolvimento e os países menos desenvolvidos.

14.b Proporcionar o acesso dos pescadores artesanais de pequena escala aos recursos marinhos e mercados.

14.c Assegurar a conservação e o uso sustentável dos oceanos e seus recursos pela implementação do direito internacional, como refletido na Unclos (Convenção das Nações Unidas sobre o Direito do Mar), que provê o arcabouço legal para a conservação e utilização sustentável dos oceanos e dos seus recursos, conforme registrado no parágrafo 158 do "Futuro que queremos".

ODS 15 – Vida terrestre: proteger, recuperar e promover o uso sustentável dos ecossistemas terrestres, gerir de forma sustentável as florestas, combater a desertificação, deter e reverter a degradação da Terra e deter a perda de biodiversidade.

A Terra é nosso território de existência. Por isso, assegurar a conservação, a recuperação e o uso sustentável de ecossistemas terrestres e manejo dos recursos de água doce e seus serviços a todas as pessoas é uma necessidade vital. As políticas que se destacam neste ODS são:

- Frear o desmatamento, restaurar florestas e aumentar o reflorestamento, aplicando a gestão sustentável de todas as florestas e maciços;
- Combater a desertificação, restaurar a terra e o solo;
- Deter a perda de biodiversidade, proteger e evitar a extinção de espécies ameaçadas;
- Acabar com a caça ilegal e o tráfico da flora e da fauna.

METAS DO ODS 15:

15.1 Até 2020, assegurar a conservação, recuperação e uso sustentável de ecossistemas terrestres e de água doce interiores e seus serviços, em especial florestas, zonas úmidas, montanhas e terras áridas, em conformidade com as obrigações decorrentes dos acordos internacionais.

15.2 Até 2020, promover a implementação da gestão sustentável de todos os tipos de florestas, deter o desmatamento, restaurar florestas degradadas e aumentar substancialmente o florestamento e o reflorestamento globalmente.

15.3 Até 2030, combater a desertificação, restaurar a terra e o solo degradado, incluindo terrenos afetados pela desertificação, secas e inundações, e lutar para alcançar um mundo neutro em termos de degradação do solo.

15.4 Até 2030, assegurar a conservação dos ecossistemas de montanha, incluindo a sua biodiversidade, para melhorar a sua capacidade de proporcionar benefícios que são essenciais para o desenvolvimento sustentável.

15.5 Tomar medidas urgentes e significativas para reduzir a degradação de habitats naturais, deter a perda de biodiversidade e, até 2020, proteger e evitar a extinção de espécies ameaçadas.

15.6 Garantir uma repartição justa e equitativa dos benefícios derivados da utilização dos recursos genéticos e promover o acesso adequado aos recursos genéticos.

15.7 Tomar medidas urgentes para acabar com a caça ilegal e o tráfico de espécies da flora e fauna protegidas e abordar tanto a demanda quanto a oferta de produtos ilegais da vida selvagem.

15.8 Até 2020, implementar medidas para evitar a introdução e reduzir significativamente o impacto de espécies exóticas invasoras em ecossistemas terrestres e aquáticos, e controlar ou erradicar as espécies prioritárias.

15.9 Até 2020, integrar os valores dos ecossistemas e da biodiversidade ao planejamento nacional e local, nos processos de desenvolvimento, nas estratégias de redução da pobreza e nos sistemas de contas.

15.a Mobilizar e aumentar significativamente, a partir de todas as fontes, os recursos financeiros para a conservação e o uso sustentável da biodiversidade e dos ecossistemas.

15.b Mobilizar recursos significativos de todas as fontes e em todos os níveis para financiar o manejo florestal sustentável e proporcionar incentivos adequados aos países em desenvolvimento para promover o manejo florestal sustentável, inclusive para a conservação e o reflorestamento.

15.c Reforçar o apoio global para os esforços de combate à caça ilegal e ao tráfico de espécies protegidas, inclusive por meio do aumento da capacidade das comunidades locais para buscar oportunidades de subsistência sustentável.

●●●● DUDH E ODS: QUAL A RELAÇÃO ENTRE A DECLARAÇÃO UNIVERSAL DOS DIREITOS HUMANOS E OS OBJETIVOS DE DESENVOLVIMENTO SUSTENTÁVEL?

DECLARAÇÃO UNIVERSAL DOS DIREITOS HUMANOS

A Declaração Universal dos Direitos Humanos (DUDH) foi instituída em 10 de novembro de 1948, pela Organização das Nações Unidas (ONU). Composta de trinta artigos que buscam normatizar as condutas dos países e dos cidadãos, foi elaborada por causa das atrocidades cometidas durante a Segunda Guerra Mundial (1939--1945), entre elas o Holocausto e as bombas atômicas lançadas em Hiroshima e Nagasaki.

Com a fundamentação dos Direitos Humanos, o desafio passa a ser encontrar formas de proteger tais direitos, e para efetivá-los, além da própria legislação em si, é fundamental a implementação de políticas públicas.

Podemos afirmar que a Agenda 2030, por meio dos 17 ODS estabelecidos, prevê ações que vêm ao encontro dessa necessidade, já que propõem: erradicação da pobreza, segurança alimentar, agricultura, saúde, educação, igualdade de gênero, redução das desigualdades, energia, água e saneamento, padrões sustentáveis de produção e de consumo, mudança do clima, cidades sustentáveis, proteção e uso sustentável dos oceanos e dos ecossistemas terrestres, paz e justiça, crescimento econômico inclusivo, infraestrutura, industrialização, entre outros.

Para tanto, as políticas públicas, inspiradas pelos 17 ODS da ONU, para não incorrer em inconstitucionalidades, devem seguir, além das diretrizes da DUDH, os artigos previstos pela nossa Constituição Federal. Ao analisarmos tais legislações, é possível perceber que a Constituição Federal de 1988 inspirou-se na DUDH (1948) e que os ODS também convergem para ela, propondo ações que unem todos os segmentos da sociedade: governo, setor privado, academia e sociedade civil.

Vejamos alguns exemplos da relação entre os ODS e alguns artigos da DUDH e da Constituição Federal:

OBJETIVOS DE DESENVOLVIMENTO SUSTENTÁVEL (ODS)	DECLARAÇÃO UNIVERSAL DOS DIREITOS HUMANOS (DUDH) E CONSTITUIÇÃO FEDERAL
ODS 1 – Erradicação da pobreza: acabar com a pobreza em todas as suas formas, em todos os lugares.	**Artigo 3 (Constituição Federal)** [...] IV - promover o bem de todos, sem preconceitos de origem, raça, sexo, cor, idade e quaisquer outras formas de discriminação.
ODS 2 – Fome zero e agricultura sustentável: acabar com a fome, alcançar a segurança alimentar e melhoria da nutrição e promover a agricultura sustentável.	**Artigo 25** **1.** Todo ser humano tem direito a um padrão de vida capaz de assegurar a si e à sua família saúde, bem-estar, inclusive alimentação, vestuário, habitação, cuidados médicos e os serviços sociais indispensáveis e direito à segurança em caso de desemprego, doença, invalidez, viuvez, velhice ou outros casos de perda dos meios de subsistência em circunstâncias fora de seu controle.
ODS 3 – Saúde e bem-estar: assegurar uma vida saudável e promover o bem-estar para todas e todos, em todas as idades.	
ODS 4 – Educação de qualidade: assegurar a educação inclusiva, equitativa e de qualidade, e promover oportunidades de aprendizagem ao longo da vida para todas e todos.	**Artigo 6 (Constituição Federal)** São direitos sociais a educação, a saúde, o trabalho, o lazer, a segurança, a previdência social, a proteção à maternidade e à infância, a assistência aos desamparados, na forma desta Constituição. **Artigo 26** **1.** Todo ser humano tem direito à instrução. A instrução será gratuita, pelo menos nos graus elementares e fundamentais. A instrução elementar será obrigatória. A instrução técnico-profissional será acessível a todos, bem como a instrução superior (...). **2.** A instrução será orientada no sentido do pleno desenvolvimento da personalidade humana e do fortalecimento do respeito pelos direitos do ser humano e pelas liberdades fundamentais. A instrução promoverá a compreensão, a tolerância e a amizade entre todas as nações e grupos raciais ou religiosos e coadjuvará as atividades das Nações Unidas em prol da manutenção da paz.

OBJETIVOS DE DESENVOLVIMENTO SUSTENTÁVEL (ODS)	DECLARAÇÃO UNIVERSAL DOS DIREITOS HUMANOS (DUDH) E CONSTITUIÇÃO FEDERAL
ODS 5 – Igualdade de gênero: alcançar a igualdade de gênero e empoderar todas as mulheres e meninas.	**Artigo 2** **1.** Todo ser humano tem capacidade para gozar os direitos e as liberdades estabelecidos nesta Declaração, sem distinção de qualquer espécie, seja de raça, cor, sexo, língua, religião, opinião política ou de outra natureza, origem nacional ou social, riqueza, nascimento ou qualquer outra condição. **Artigo 3 (Constituição Federal)** [...] IV - promover o bem de todos, sem preconceitos de origem, raça, sexo, cor, idade e quaisquer outras formas de discriminação.
ODS 6 – Água potável e saneamento: assegurar a disponibilidade e gestão sustentável da água e saneamento para todas e todos. **ODS 7 –** Energia limpa e acessível: assegurar o acesso confiável, sustentável, moderno e a preço acessível à energia para todas e todos.	**Artigo 25** **1.** Todo ser humano tem direito a um padrão de vida capaz de assegurar a si e à sua família saúde, bem-estar, inclusive alimentação, vestuário, habitação, cuidados médicos e os serviços sociais indispensáveis e direito à segurança em caso de desemprego, doença invalidez, viuvez, velhice ou outros casos de perda dos meios de subsistência em circunstâncias fora de seu controle.

OBJETIVOS DE DESENVOLVIMENTO SUSTENTÁVEL (ODS)	DECLARAÇÃO UNIVERSAL DOS DIREITOS HUMANOS (DUDH) E CONSTITUIÇÃO FEDERAL
ODS 8 – Trabalho decente e crescimento econômico: promover o crescimento econômico sustentado, inclusivo e sustentável, emprego pleno e produtivo e trabalho decente para todas e todos.	**Artigo 6 (Constituição Federal)** São direitos sociais a educação, a saúde, o trabalho, o lazer, a segurança, a previdência social, a proteção à maternidade e à infância, a assistência aos desamparados, na forma desta Constituição. **Artigo 23** **1.** Todo ser humano tem direito ao trabalho, à livre escolha de emprego, a condições justas e favoráveis de trabalho e à proteção contra o desemprego. **2.** Todo ser humano, sem qualquer distinção, tem direito a igual remuneração por igual trabalho. **3.** Todo ser humano que trabalha tem direito a uma remuneração justa e satisfatória que lhe assegure, assim como à sua família, uma existência compatível com a dignidade humana e a que se acrescentarão, se necessário, outros meios de proteção social. [...]
ODS 9 – Indústria, inovação e infraestrutura: construir infraestruturas resilientes, promover a industrialização inclusiva e sustentável e fomentar a inovação.	**Artigo 27** **1.** Todo ser humano tem o direito de participar livremente da vida cultural da comunidade, de fruir as artes e de participar do progresso científico e de seus benefícios. **2.** Todo ser humano tem direito à proteção dos interesses morais e materiais decorrentes de qualquer produção científica, literária ou artística da qual seja autor. **Artigo 218 (Constituição Federal)** O Estado promoverá e incentivará o desenvolvimento científico, a pesquisa e a capacitação tecnológicas. § 1º - A pesquisa científica básica receberá tratamento prioritário do Estado, tendo em vista o bem público e o progresso das ciências.

OBJETIVOS DE DESENVOLVIMENTO SUSTENTÁVEL (ODS)	DECLARAÇÃO UNIVERSAL DOS DIREITOS HUMANOS (DUDH) E CONSTITUIÇÃO FEDERAL
ODS 10 – Redução das desigualdades: reduzir a desigualdade dentro dos países e entre eles.	**Artigo 1** Todos os seres humanos nascem livres e iguais em dignidade e direitos. São dotados de razão e consciência e devem agir em relação uns aos outros com espírito de fraternidade. **Artigo 4 (Constituição Federal)** A República Federativa do Brasil rege-se nas suas relações internacionais pelos seguintes princípios: [...] II - prevalência dos direitos humanos; [...] IX - cooperação entre os povos para o progresso da humanidade;
ODS 11 – Cidades e comunidades sustentáveis: tornar as cidades e os assentamentos humanos inclusivos, seguros, resilientes e sustentáveis.	**Artigo 6 (Constituição Federal)** São direitos sociais a educação, a saúde, o trabalho, o lazer, a segurança, a previdência social, a proteção à maternidade e à infância, a assistência aos desamparados, na forma desta Constituição. **Artigo 22** Todo ser humano, como membro da sociedade, tem direito à segurança social, à realização pelo esforço nacional, pela cooperação internacional e de acordo com a organização e recursos de cada Estado, dos direitos econômicos, sociais e culturais indispensáveis à sua dignidade e ao livre desenvolvimento da sua personalidade.
ODS 12 – Consumo e produção responsáveis: assegurar padrões de produção e de consumo sustentáveis.	**Artigo 25** **1.** Todo ser humano tem direito a um padrão de vida capaz de assegurar a si e à sua família saúde, bem-estar, inclusive alimentação, vestuário, habitação, cuidados médicos e os serviços sociais indispensáveis e direito à segurança em caso de desemprego, doença invalidez, viuvez, velhice ou outros casos de perda dos meios de subsistência em circunstâncias fora de seu controle. [...]

OBJETIVOS DE DESENVOLVIMENTO SUSTENTÁVEL (ODS)	DECLARAÇÃO UNIVERSAL DOS DIREITOS HUMANOS (DUDH) E CONSTITUIÇÃO FEDERAL
ODS 13 – Ação contra a mudança global do clima: tomar medidas urgentes para combater a mudança climática e seus impactos.	**Artigo 29** **1.** Todo ser humano tem deveres para com a comunidade, na qual o livre e pleno desenvolvimento de sua personalidade é possível. **2.** No exercício de seus direitos e liberdades, todo ser humano estará sujeito apenas às limitações determinadas pela lei, exclusivamente com o fim de assegurar o devido reconhecimento e respeito dos direitos e liberdades de outrem e de satisfazer as justas exigências da moral, da ordem pública e do bem-estar de uma sociedade democrática. [...]
ODS 14 – Vida na água: conservação e uso sustentável dos oceanos, dos mares e dos recursos marinhos para o desenvolvimento sustentável.	
ODS 15 – Vida terrestre: proteger, recuperar e promover o uso sustentável dos ecossistemas terrestres, gerir de forma sustentável as florestas, combater a desertificação, deter e reverter a degradação da terra e deter a perda de biodiversidade.	**Artigo 225 (Constituição Federal)** Todos têm direito ao meio ambiente ecologicamente equilibrado, bem de uso comum do povo e essencial à sadia qualidade de vida, impondo-se ao Poder Público e à coletividade o dever de defendê-lo e preservá-lo para as presentes e futuras gerações.
ODS 16 – Paz, justiça e instituições eficazes: promover sociedades pacíficas e inclusivas para o desenvolvimento sustentável, proporcionar o acesso à justiça para todos e construir instituições eficazes, responsáveis e inclusivas em todos os níveis.	**Artigo 3 (Constituição Federal)** Constituem objetivos fundamentais da República Federativa do Brasil: I - construir uma sociedade livre, justa e solidária; [...] **Artigo 25** **1.** Todo ser humano tem direito a um padrão de vida capaz de assegurar a si e à sua família saúde, bem-estar, inclusive alimentação, vestuário, habitação, cuidados médicos e os serviços sociais indispensáveis e direito à segurança em caso de desemprego, doença invalidez, viuvez, velhice ou outros casos de perda dos meios de subsistência em circunstâncias fora de seu controle.
ODS 17 – Parcerias e meios de implementação: fortalecer os meios de implementação e revitalizar a parceria global para o desenvolvimento sustentável.	**Artigo 22** Todo ser humano, como membro da sociedade, tem direito à segurança social, à realização pelo esforço nacional, pela cooperação internacional e de acordo com a organização e recursos de cada Estado, dos direitos econômicos, sociais e culturais indispensáveis à sua dignidade e ao livre desenvolvimento da sua personalidade.

METAS SAUDÁVEIS: VIDA MAIS SAUDÁVEL

Como podemos construir uma vida mais saudável e digna para todos os seres humanos? Essa pergunta sempre nos desafia a definir o que seja a tão sonhada vida mais saudável. A resposta a esse questionamento começa sempre na identidade dessa palavra: saudável é aquilo que gera ou que produz, que mantém ou que preserva a saúde. A saúde é uma condição de vida digna, equilibrada, integral, possível de ser reconhecida para todas as pessoas. A vida saudável supõe o direito a viver num espaço digno, ecologicamente constituído, a ter os serviços básicos de recursos hídricos, de habitação, de saneamento, de alimentação, de atendimento à saúde por meio de vacinas e redes de cuidados médicos, de segurança social e comunitária, de educação, de assistência social e de cidadania. Significa ter a integralidade das condições para viver e para construir a dignidade de sua existência com seus semelhantes diante da natureza.

FONTE: Brasil Sustentável (Disponível em: https://brasilsustentavelambiental.com.br/agenda-2030-e-ods/)

A CONTRIBUIÇÃO DA EDUCAÇÃO PARA A CONSTRUÇÃO DE UM MUNDO MELHOR

A educação é uma prática social, isto é, uma realização feita ou produzida por toda a sociedade. O ser humano precisa, para se *humanizar*, para constituir-se como pessoa humana, receber de toda a sociedade, a partir de seus pais e de seu universo familiar, as informações, os valores, os conhecimentos e as atitudes que nos fizeram constituir a dignidade de nossa condição humana. A educação é também uma prática *transgeracional*, isto é, realizada pela constante integração das sucessivas gerações, de modo que uma geração já mais vivida, por assim dizer, mais amadurecida, etária, cultural, afetiva, ética e socialmente, possa acolher, proteger, educar, cuidar e desenvolver a formação das gerações novas e emergentes. Educar é trazer para o seio da cultura, da sociedade. Nesse sentido, como dimensão *antropológica*, educar é o mesmo que *humanizar*, isto é, constituir e projetar, em cada ser humano, em cada criança, os valores e as coordenadas que distinguem o modo de ser próprio do ser humano em totalidade.

A escola é uma instituição social, inventada e criada pelas sociedades humanas, para prover o acolhimento, o cuidado, a formação integral e plena de cada criança, gerando nela as totais condições de conhecer, de aprender, de conviver e de apropriar-se de todos os saberes, práticas, conhecimentos e valores socialmente produzidos pelas sociedades humanas em sua marcha histórica cumulativa. Foram os gregos, na Antiguidade, que inventaram a escola. Essa instituição passou pela Idade Média como um privilégio de algumas classes sociais dominantes. Somente na Idade Moderna (século XVII em diante), assistimos ao reconhecimento e à afirmação de que a educação escolar é um direito de todas as pessoas, a começar pelas crianças, e que o papel da escola deveria ser o de promover o pleno desenvolvimento humano e a integral formação para a cidadania cultural e política.

A modernidade anunciaria as características matriciais da escola moderna: **laicidade**, **universalidade**, **publicidade**, **estatalidade**, **gratuidade** e **obrigatoriedade.** São seis características fundamentais que ainda hoje não estão presentes em todas as sociedades e grupos humanos; *que a escola seja leiga*, isto é, baseada na afirmação de seu caráter laico, não religioso, no sentido dogmático e impositivo; que a escola seja universal, isto é, voltada para acolher a diversidade humana sem nenhuma distinção ou discriminação, como uma *escola para todos*; que a escola seja pública, isto é, uma *escola voltada para promover o bem comum*, de todos, e não somente de uma classe social ou de algumas pessoas privilegiadas, grupos ou instituições de natureza particular; que a *escola seja estatal,* isto é, financiada, no caso da educação pública, pelo Estado, e que seja regulada pelos interesses comuns, no caso da escola particular, regularmente constituída; que a escola seja *gratuita,* isto é, que seu acesso e permanência constituam-se em direitos humanos inalienáveis, a serem promovidos e custeados pelo Estado e pela sociedade, facultando a escola particular a exercer essa atribuição pública regulada; que a escola seja *obrigatória,* isto é, que todas as singulares e diversas crianças e suas gerações recebam uma herança cultural e social comum, de modo a gerar pertencimento e cidadania em todos, o que somente é possível com a criteriosa obrigatoriedade do acesso e da permanência na escola.

Muitas sociedades ainda não constituíram, ou ainda não conquistaram, essa identidade moderna da educação e da escola. Assim, a defesa da educação como direito e do direito à educação é uma das mais urgentes pautas para a produção de uma sociedade mais justa e, consequentemente, de um mundo mais justo, equilibrado, igualitário, inclusivo e sustentável.

● ● ● ● REFERÊNCIAS

17 ODS da ONU. **Febrace**, © 2021. Disponível em: https://febrace.org.br/inspire-se/17-ods-da-onu/. Acesso em: 12 dez. 2023.

CABRAL, Raquel; GEHRE, Thiago (orgs.). **Guia Agenda 2030**: integrando ODS, educação e sociedade. São Paulo: Unesp e UNB, 2020.

CALDO, Roberta. Clube de Leitura da ONU seleciona 175 livros infantis brasileiros. **Nações Unidas Brasil**, 16 jun. 2023. Disponível em: https://brasil.un.org/pt-br/131791-clube-de-leitura-da-onu-seleciona-175-livros-infantis-brasileiros. Acesso em: 12 dez. 2023.

COMO a fome afeta o corpo. **National Geographic**, 3 fev. 2023. Disponível em: https://www.nationalgeographicbrasil.com/ciencia/2023/02/como-a-fome-afeta-o-corpo. Acesso em: 13 dez. 2023.

COMO as Nações Unidas apoiam os Objetivos de Desenvolvimento Sustentável no Brasil. **Nações Unidas Brasil**, *[s.d.]*. Disponível em: https://brasil.un.org/pt-br/sdgs. Acesso em: 12 dez. 2023.

BRASIL. Constituição (1988). **Constituição da República Federativa do Brasil de 1988**. Brasília, DF: Senado Federal, [2016].

GALA, Ana Soia Candeloro. Por que negócios sustentáveis devem conhecer a Agenda 2030, os ODS e o Pacto Global da ONU? **Yiesia**, 2 jan. 2023. Negócios Sustentáveis. Disponível em: https://www.yiesia.com.br/blog/conceitos-sobre-esg/iniciativas-globais-da-onu/?gclid=CjwKCAjw_YShBhAiEiwAMomsEJfPCWATmQUc4nThtPtAwOmP2ZNSP7EO-mZlKm-pGtPtyb6-FfG8mxoCsO0QAvD_BwE. Acesso em: 12 dez. 2023.

O QUE são os Objetivos de Desenvolvimento Sustentável? **Estratégia ODS**, *[s.d.]*. Disponível em: https://www.estrategiaods.org.br/conheca-os-ods/. Acesso em: 12 dez. 2013.

OBJETIVO de Desenvolvimento Sustentável 1 – Erradicação da pobreza. **Nações Unidas Brasil**, *[s.d.]*. Disponível em: https://brasil.un.org/pt-br/sdgs/1. Acesso em: 13 dez. 2023.

OBJETIVOS de Desenvolvimento Sustentável – 2. Fome zero e agricultura sustentável. **Ipea**, © 2019. Disponível em: https://www.ipea.gov.br/ods/ods2.html. Acesso em: 13 dez. 2023.

OBJETIVOS de Desenvolvimento Sustentável. **Unicef**, *[s.d]*. Disponível em: https://www.unicef.org/brazil/objetivos-de-desenvolvimento-sustentavel. Acesso em: 12 dez. 2023.

ODS 1. **Estratégia ODS**, *[s.d.]*. Disponível em: https://www.estrategiaods.org.br/os-ods/ods1/. Acesso em: 13 dez. 2023.

ORGANIZAÇÃO das Nações Unidas. **Declaração Universal dos Direitos Humanos, 1948**. Disponível em: http://www.un.org/pt/documents/udhr/index.shtml. Acesso em: 4 jul. 2024.

ORGANIZAÇÃO das Nações Unidas. **Wikipédia**. Flórida: Wikimedia Foundation, 2023. Disponível em: https://pt.wikipedia.org/wiki/Organiza%C3%A7%C3%A3o_das_Na%C3%A7%C3%B5es_ Unidas. Acesso em: 12 dez. 2023.

PAZ. In: Dicionário Michaelis. São Paulo: Melhoramentos, 2023. Disponível em: https://michaelis.uol.com.br/moderno-portugues/busca/portugues-brasileiro/paz. Acesso em: 13 dez. 2023.

RELATÓRIO anual 2022. **Nações Unidas Brasil**, 2022. Disponível em: https://brasil.un.org/sites/default/files/2023-03/ONU_Brasil_Relatorio_Anual_2022.pdf. Acesso em: 13 dez. 2023.

RODADA Doha. **Enfin – Enciclopédia de Finanças**, *[s.d.]*. Disponível em: https://www.enfin.com.br/termo/rodada-doha-kbrsaqig. Acesso em: 13 dez. 2023.

THE SUSTAINABLE development goals report 2022. **United Nations**, 2022. Disponível em: https://unstats.un.org/sdgs/report/2022/. Acesso em: 13 dez. 2023.

TODOS contra a fome e o desperdício de alimentos. **Pacto contra a fome**, *[s.d.]*. Disponível em: https://pactocontrafome.org. Acesso em: 13 dez. 2023.

UNICEF. Unicef, for every child, *[s.d]* Página inicial. Disponível em: www.unicef.org. Acesso em: 12 dez. 2023.

VIEIRA, Katiane. ODS: sugestões de ações para cada um dos 17 Objetivos. **Instituto Nação de Valor**, 8 out. 2018. Disponível em: https://institutonacaodevalor.org.br/sugestoes-de-acao-para-cada-um-dos-objetivos/. Acesso em: 12 dez. 2023.